原帝王五代之孫也縦永領半国豈謂非遂昔振
兵威取天下者皆史書所見也将門天之所与既在
武藝思惟等輩誰比将門而公家無褒賞之由屢
被下譴責之符者省身多恥面目何施推而察之
甚以幸也抑将門少年之日奉名簿於太政大殿
数十年至于今矣相国攝政之世不意挙此事歎
念之至不可勝言将門雖萌傾国之謀何忘舊主
貴閣且賜[illegible] 以一貫万将門謹言
二月十五日
謹上[illegible]将殿閣賀 恩下
于時新[illegible]等竊挙新皇云夫帝王之業
非可以[illegible]力争自昔至今経天緯地
之君纂[illegible]此尤蒼天之所与也何慥不権
議恐有物譏於後代努力云々于時新皇勅云武
弓之術既助両朝還箭之功且救短命将門苟揚

子也弁論之道古今希類為第一番互決雌雄於是
良源言泉浪漏流懸河弁南北英才共帰其徳其後
嘉聲播揚鼓動天下 傳文已上
承平六年丙申三月六日比叡山根本中堂火災并
傍堂舎四十餘宇焼亡但藥師佛像等衆人扶出不
焼建立以後百五十五年云々 一云五年焼 夏六
月南海道賊船千餘艘浮於海上強取官物殺害人
命仍上下往来人物不通勅以從四位下紀朝臣淑
仁補賊地伊與國大介令兼行海賊追捕之賊徒聞

其寛仁泛愛之状二千五百餘人悔過就刑魁帥小
野氏寛紀秋茂津時成等合卅餘人手進交名降請
歸伏時淑仁朝臣皆施寛恕賜以衣食班給田疇下
行種子就耕教農民烟漸静郡國興復 八月十九
日攝政左大臣藤原朝臣忠平任太政大臣年五十
七 廿二日右大臣藤原朝臣仲平任左大臣年六
十四 同日大納言藤原朝臣恒佐任右大臣年五十
九左大臣良世之男也
承平七年丁酉正月四日丁未天皇元服年十五歳
五日幸大極殿受朝賀

監修者――加藤友康／五味文彦／鈴木淳／高埜利彦

［カバー表写真］
将門の館を攻撃する藤原秀郷ら
（『俵藤太絵巻』より）

［カバー裏写真］
攻撃を受ける純友軍
（『楽音寺縁起絵巻』模本より）

［扉写真］
上：真福寺本『将門記』藤原忠平宛て将門書状（部分）
下：『扶桑略記』承平6（899）年夏6月条

日本史リブレット人017

平将門と藤原純友

天慶の乱, 草創期武士の悲痛な叫び

Shimomukai Tatsuhiko
下向井龍彦

目次

①—寛平・延喜の国制改革と東国の乱

平将門(?〜九四〇)と藤原純友(?〜九四一)が生まれた九世紀末は、政治の仕組み、財政・税制の仕組み、土地制度、すなわち国家体制全体が大きく転換する時代であった。二人はその激動の転換期の息吹を吸いながら少年期を送り、あらたな体制のもとで成人を迎え、そしてあらたな体制の国家、王朝国家に反逆し、敗れ去ったのであった。まず九世紀末の転換期の状況からながめてみよう。

九世紀末の危機

八世紀の律令国家は、新羅に朝貢を強要するため一戸一兵士を基準とする徴兵制軍隊(軍団兵士制)を擁していた。「戸」間の格差拡大を抑制する公地公民制はそれを実現するシステムであった。律令国家は、対新羅朝貢強要・軍団兵士制・公地公民制からなる三位一体の軍事国家だったのである。八世紀末、対新羅朝貢強要外交を放棄すると、軍団兵士制の削減・廃止と公地公民制の規制緩和が可能になった。規制緩和政策＝富豪層育成政策によって、人身課税方式

▼対新羅朝貢強要外交　高句麗滅亡後の六六八(天智七)年以降、百済救援戦争の戦勝国新羅は背後の安全確保のため敗戦国日本に朝貢する。日本は唐の脅威除去のためそれを受容し、対唐戦争勝利後の新羅にも朝貢を強要し続け、両国関係はしばしば緊張した。

▼公地公民制　公民一人ひとりを「戸」に編成して把握し(編戸制)、一人ひとりに口分田を支給して「戸」の経営保障(班田制)、低利貸付けで経営支援(公出挙制)し、成人男子一人ひとりから徴税する(調庸制)、律令国家の人民統制・支配システム。このシステムは伝統的在地首長＝郡司の在地支配によって支えられていた。

の調庸制▲は急速に崩壊し、九世紀には国司が富豪層の経営面積(請作公田中心)に課税する方式にかわっていった。しかし建て前では公地公民制を維持していたから、九世紀は、依然、律令国家であった。

九世紀末、諸国富豪層と王臣家(有力貴族)の私的結合による脱税闘争が、国司支配と国家財政を危機▲におとしいれていた。国司は九世紀のあいだにふくらんだ累積未進額を富豪層の年間納税額に上乗せして請け負わせていた。富豪層は自身の才覚で請負額を調達し綱領▲として運京し、民部省での窓口チェック、大蔵省官人らの確認をへて大蔵省倉庫におさめ、返抄(領収証)をもらう。しかし請負額にたりず返抄がもらえない綱領=富豪層は、在地の稲穀倉庫を国司に差し押さえられ、公田請作契約は取り消され、経営基盤を喪失することになる。

そこで綱領=富豪層はさまざまの対抗(不正)手段を講じる。民部省窓口チェックをパスするために納品書を偽造したり係官に贈賄したり、運京途上で他国の運京船や駄馬を襲って不足分を埋めあわせたり(群盗海賊)、群盗海賊被害偽装▲・海難事故偽装によって被害額免責認定を受けたりした。九世紀中葉から政府が群盗海賊を重大視するのは、綱領が民部省窓口へ提出する被害届が増加し

▼**調庸制**　人身課税方式の調庸制は編戸制とともに崩壊するが、九世紀以降も国司の中央への貢納物(富豪層の運京物)は、地税から抽出した調庸中心であった。

▼**国家財政の危機**　九世紀末、国司の累積未進額は年間所定貢納額の一〇倍といわれるまでにふくらみ、国司の使命感は低下し不正は常態化し、大蔵省倉庫はからっぽになり、財政運営は危機に瀕していた。だが国家財政は崩壊しなかった。その秘密は本文のとおり。

▼**綱領**　調・庸運京の責任者。

▼**群盗海賊被害偽装**　八、九世紀の調庸運京において、群盗海賊被害や海難事故被害は被害地点を所管する郡司の被害証明を受けてはじめて認定され、民部省の窓口チェックで被害額の免責の可否が査定された。郡司の被害証明や民部省の被害査定は被害偽装・贈収賄の温床となる。

たからであり、多くは不足分相殺や着服を目的とする被害偽装だった。政府は頻繁に群盗海賊追捕令を出すが、群盗海賊被害が終息することはなかった。その発生要因が累積未進問題だったからである。

九世紀後半、累積未進問題は王臣家の家産経済も直撃していた。規定額の国家給付(封物(ふうもつ))が届かないから諸国運京船を淀(よど)・山崎(やまざき)などの港で待ち伏せ、運京物を略取する。政府・国司・綱領からみたら海賊だが、王臣家にしてみれば封物未進に対する自力救済である。

その一方で、未進責任回避のため、王臣家との結合を求める綱領＝富豪層も多かった。運京物を王臣家におさめ、家人(けにん)となって免税特権を獲得し、在地の私宅倉庫を王臣家に寄進して国司の差押えを回避しようとする。国使(くにのつかい)が差押えに来ると、富豪層は自分は「王臣家人」、私宅・田地は「王臣家荘(しょう)」と主張して強制執行を拒み、王臣家に使者の派遣を請い、国使の強制執行を暴力的に排除する。座視していては封物が届かない王臣家は、富豪層の反国司脱税闘争と結託して、家産経済の維持をはかっていたのである。諸衛府(えふ)も同じ事情で脱税目的の富豪層を衛府舎人(とねり)とし、王臣家人とともに国司支配を危機におとしいれていた。

本来、律令国家財政構造のもとでは、調庸現物は大蔵省に一括収納・保管され、大蔵省から受給権をもつ官司・官人（以下、受給官司）に配給されるという財政運営がなされていた。だが九世紀末、大蔵省はからっぽにもかかわらず、運京物品は京にあふれていた。正規手続きでは大蔵省に納入できない綱領は、国司京庫におさめて納入分について国司返抄をもらい、任務から解放されるようになる。運京物の大蔵省納入方式から、国司京庫への随時納入方式にかわっていくのである。国司京庫の集積物は「在下▲（物）」と呼ばれ、国司は大蔵省下級官人などに「在下物」と国司私物の一体運用を委託するようになった。累積未進に呻吟する政府や受給官司が必要物品をなんとか調達できた秘密はこの「在下」＝地下経済にあった。封物受給権をもつ権門寺社も同じであった。律令国家は全面的な財政崩壊に陥ることはなかったのである。

しかし「在下」による現物調達方式はあくまで非正規の地下経済であった。累積未進問題と綱領運京方式、そして上下を貫くモラルハザードが、群盗海賊、王臣家と富豪層の結託による脱税闘争を引き起こし、国家財政と国司の国内支

▼在下　政府は大蔵省倉庫に納入されず、国司京庫に保管された（下に在る）状態の調庸などを在下または在下物と呼んだ。在下物は本来大蔵省に入るべきものであるから、国司は受給官司からの請求に最終的には応じなければならない。からっぽの大蔵省は「手形」発給によって受領と受給官司の現物授受を媒介・調整する機関に変身していく。

配を危機におとしいれていたのである。こうして九世紀末には、抜本的な構造改革が緊急課題となっていた。

寛平・延喜の国制改革

九世紀末〜十世紀初頭（寛平・延喜）、宇多・醍醐朝の政府は、菅原道真らの主導下、財政構造改革・国司支配強化を中心とする国制改革を行い、国家体制は律令国家から王朝国家へと転換する。将門・純友が対決した国家は、摂政藤原忠平▲が主導する、国制改革後の王朝国家だった。

危機克服は調庸累積未進の処理から始まった。八九三（寛平五）年、政府は膨大な累積未進額を実質的に切りすてた。累積未進の重圧から解放された国司は、定額貢納物を請け負う「受領」になった（以下、任国支配を請け負う国司を受領と表記）。八九六（寛平八）年、受領は四年分完済証明（「調庸惣返抄」）を取得すれば任務から解放され、受領功過定で合格判定を受ければ位階昇進・受領遷任資格が約束された。達成可能な目標をあたえられた受領は任国支配に意欲をもって取り組むことになる。

▼**藤原忠平**　八八〇〜九四九。関白基経の四男。九〇八（延喜八）年参議、翌九〇九（同九）年兄左大臣時平が没すると権中納言・藤氏長者。中納言・大納言をへて九一四（延喜十四）年右大臣となり以後長く政権を主導し、九二四（延長二）年左大臣。九三〇（延長八）年醍醐天皇没し、幼帝朱雀天皇即位により摂政。九三六（承平六）年太政大臣、九四一（天慶四）年関白。九四六（天慶九）年村上天皇受禅して引き続き関白、九四九（天暦三）年没。天慶の乱を平定し、摂関政治を定着させ、王朝国家体制を軌道に乗せた。

任国へ向かう受領の一行(『因幡堂縁起絵巻』より)

財政構造は、全国正丁(成人男子)総数をもとに「入るはず」の税収を基礎として構築された律令国家財政構造から、「必要とする」総支出を基礎に構築された王朝国家財政構造に転換した。九世紀末の受領京庫に蓄積された「在下物」の非正規運用＝地下経済の公認・制度化であった。からっぽの大蔵省が受給官司に現物ではなく随時「大蔵省切下文」という一種の手形を手交し、受給官司は「大蔵省切下文」と引きかえに受領京庫から物品を受け取る方式に転換したのである。他方、綱領＝富豪層による受領京庫への運納が正規方式とされ、民部省窓口チェック・大蔵省運納は廃止された。政府の調庸違反対策は大蔵省への「未進」から支出期日への「違期麁悪」(納品遅延・品質違反)へと変わった。

こうなると綱領が民部省窓口チェック回避のために王臣家と結託したり、群盗海賊被害を偽装するなどの不正工作は意味を失う。九世紀末には海賊被害は問題化しなくなり、十世紀になると脱税目的の富豪層と王臣家との結合は厳しい禁断政策もあいまって急速に姿を消す。政府は財政構造改革によって、国家財政・地方支配を危機におとしいれていた富豪層の脱税闘争の克服に成功した。

九〇二(延喜二)年、政府は荘園整理令を発令し不正荘園を停廃する全国的土地調査事業▲を行った。この土地調査事業を通じて受領＝国衙は、課税対象の公田と、寺社・院宮王臣家の領有する非課税の免田(政府認定の官省符荘)を確定し、「校田図」を作成して政府に提出した。この校田図こそ、国衙の課税基本台帳「基準国図」にほかならない。官省符免田領主には「基準国図」記載の免田面積分の官物取得権が保障され、毎年の国衙の検田でその年の取得額が確定された(「免除領田制」)。

　土地調査事業の結果、課税面積＝公田面積は増大・安定する。寺社・院宮王臣家が不正荘園の停廃を受け入れたのは、封物などの国家的給付の保障にあった(受領は封物を完納しないと調庸物返抄をもらえない)。また九世紀末までのような富豪経営の不安定性は解消され、納税責任を果たすことと引きかえに安定経営が保証された。公田を請作する経営主体(富豪層)を「負名▲」といい、受領と負名が直接対峙する王朝国家の国内支配体制を「負名体制」という。

　受領は、請作契約・検田・収納を中心とする国内行政を効率的に行うために、国衙機構改革を行った。受領は、九世紀にはしばしば反抗的であった任用(掾・目)を国務から排除し、行政幹部として子弟・郎等(京で雇用した実務官人)

▼土地調査事業　政府は受領に「校田」(土地所有・用益関係の実態調査)と官符到来後一〇〇日以内の「校田図」の提出を求めた。受領は官符の権威によって、寺社・院宮王臣家・百姓らから荘園や私領の「公験」(権利書)を提出させ、国衙が保管する過去の班田図記載と突合して「本主」(所有権者)を確定し、富豪層と王臣家が脱税目的に結びついた「公験」のない王臣家荘を容赦なく停廃し、公田に引き戻していった。

▼負名　『将門記』に描かれた「農節に望めばすなわち町満の歩数を貪り、官物にいたりてはすなわち束把の弁済なし」という国衙と将門「従兵」藤原玄明の公田請作関係(ここで受領は玄明の納税拒否を指弾しているが)に、成立期の負名の姿をみることができる。

をともなって任国にくだった。受領は国衙行政の機能別分課「所」(田所・税所・調所・検非違所・船所など)をおき、子弟・郎等を各「所」の目代とし、九世紀末まで国衙で使役してきた雑色人＝富豪層を「判官代」に補任し、「所」に配属して目代の部下として国衙行政を分担させた。『将門記』に出てくる足立郡司武蔵武芝は九三九(天慶二)年、武蔵国「判官代」であった。

検田・収納・検断(警察)・相論(訴訟)などでの国内巡検は、九世紀末までの任用にかわって、子弟郎等・判官代が担うことになった。彼らは国使として各郡に派遣され、各郡では郡司が国使を補佐した。検田・収納の主体は国使、対象は負名であり、郡司は国使の業務を補佐するだけであった。

受領支配のもとで、受領と負名層の対立関係は、主として秋冬の検田・収納においてその年の豊凶次第で決められる課税(控除)額をめぐって尖鋭化し(とりわけ受領任終年)、妥協できない時は、受領側からは暴力的強制執行、国内負名層側からは受領苛政告発、国衙襲撃などとして爆発する。将門や純友は以上の国衙支配の仕組みを所与の条件として活動し、反乱を起こしたのであった。

財政構造改革は、中央政府の組織、儀式・行事の運営、貴族支配層の結集の

▼**『将門記』**　平将門を、当代随一の武芸によって坂東の王者にのぼりつめ、武芸によって身を滅ぼした悲劇的英雄として描く軍記物。作者未詳。

▼**検田と収納**　検田は、収穫前に行うその年の作柄(損田得田)調査であり、作柄によって請作公田面積から損田面積が控除されて各負名の課税額が決まる。冬期の収納は、各負名が年度内に随時おさめた多様な物品の返抄(領収証)を提出させて稲穀に換算した納税額と、検田で確定した課税額を照合して未進(過進)額を算出し、未進額を追徴する業務。

仕方、実務官人の編成にも大きな変容をもたらした。公卿・殿上人ら貴族支配層になれる家系は絞り込まれ、五位になる道も狭められ、昇進コースからはずれた没落貴族は不満を鬱積させていった。将門も純友もそのような不満分子の一人であった。将門や純友が対決した相手は、国制改革によって形成されたあらたな国家体制である王朝国家であり、王朝国家を城砦に結束する支配層（天皇・公卿・殿上人）を代表する摂政藤原忠平であった。

東国の乱と軍制改革

八九五（寛平七）年、坂東で群盗が蜂起し、七年間も活動を続けた（「寛平・延喜東国の乱」）。政府は何度も「追討勅符」をくだし、「推問追捕使」（発兵権をもつ調査団）を派遣して、九〇一（延喜元）年、いったん平定したが、その後も駿河・越後・飛驒・下総など諸国で群盗蜂起はあとをたたなかった。

坂東諸国の群盗蜂起の実態は、上野国からの報告（国解）によれば、駄馬に荷物を積んで運送して稼ぐ坂東諸国富豪層からなる「僦馬の党」が群党を結成して「凶賊」▲（反乱）に発展したものであった。僦馬の党は、それまで調庸運京に便

▼**「凶賊」「凶党」**　律令国家・王朝国家に敵対・反逆する武装集団。彼らの武装蜂起を「凶党」蜂起と呼ぶ。犯罪としては「謀叛以上」「重犯」。政府が「凶党」「凶賊」と認定すると追討勅符・追捕官符によって軍事鎮圧の対象となる。▲

乗して私物を運京し、あずかった調庸を着服して王臣家人になるなど、脱税闘争によって多大の利益を獲得してきた富豪層であった。ところが先述した国制改革は彼らから、それまで寄生してきた利潤獲得の機会を奪い去った。八九一(寛平三)年九月、政府は主として坂東諸国を念頭において、婚姻や農商を通じて国内に居住し、「土民」と生業を同じくしながら党を引きつれて村里を横行し、納税を拒否している前司子弟・王臣子孫ら富豪浪人について、来年七月までに帰京するか、国衙に納税することを誓約して現地に留住(土着)するかの意思確認をして、国衙に従わない者は国外追放せよ、と通達した。僦馬の党の主要なメンバーは、このような連中だった。

寛平・延喜東国の乱は、国制改革に反発する坂東諸国富豪層の反動的闘争だったのであり、政府はこの乱に軍制改革▲によって対応した。

第一は、軍事動員における受領の裁量権の強化である。律令国家では、国司は捕亡令(養老令の治安警察編目)「臨時発兵」規定に従って政府に飛駅▲奏言し、発兵勅符(天皇の動員令)を受けなければ軍事動員できず、発兵人数についても政府の厳格な規制を受けた。しかし東国の乱では飛駅奏言を受けた政府は、し

▼東国の乱と軍制改革　正史がとだえた史料乏少期の寛平～延喜年間(八八九～九二三)、乱や政府対応の実像はよくわからないが、将門の乱に対する種々の対応が寛平・延喜東国の乱の「例」に依拠していることから、未曾有の反乱であったことがわかる。本文で述べる軍制改革もそれらの「例」から推定したものである。乱の平定は、三〇年後の承平南海賊と同様に、負名経営の保障を条件とする投降であったと推定される。

▼飛駅　駅馬を乗り継いで急報する律令制の緊急通信システム。勅符で下達し、諸国司が奏状で上申。軍事・災異・疫疾・外国情報など緊急事態に使用する。その専使が飛駅使。

ばしば、より簡便な太政官の鎮圧命令「追捕官符」をくだした。追捕官符の場合、本来、動員するのは「人夫」（非武装追捕要員）であり、人夫の場合、国司の裁量で何人でも動員できた。受領はこの人夫規定を拡大解釈して「兵」＝武装要員を動員した。東国の乱平定過程で政府は、追捕官符を出すことで受領に軍事動員の裁量権を委ねたのである。

第二に、群盗追捕指揮官として、一国単位に押領使▲を任命した。私は上総国に平高望、上野国に藤原利仁、下野国に藤原秀郷を想定している。押領使任命こそ軍制改革の目玉であり、彼らが東国の乱平定の中心となった。▲

第三に、武芸堪能者は王臣家人を問わず国衙の動員に従うことを義務づけた。彼らは押領使の指揮下に入って戦うことになる。やがて動員対象者は反乱鎮圧の勲功者とその子孫すなわち「武士」に限定されていく。王朝国家段階の武士とは、国家の軍事動員に応じる権利と義務を有する戦士なのである。

武士第一号

この軍制改革によって「国衙軍制」が成立し、このあらたな軍制による東国の

▼**押領使**　追捕官符を受けた受領の命を受け、国内武士を動員して反乱（「凶党」「凶賊」）を鎮圧する国単位の軍事指揮官。受領が国内武士のなかから国解で推挙し、官符で任命される。九世紀後半までの軍兵を結集地点まで引率する国司指名の押領使と混同してはいけない。

▼**押領使・追捕使の常置**　延喜東国の乱、将門の乱で臨時に配置された諸国押領使は、将門の乱後に諸国追捕使とともに常置される。東海・東山・北陸・山陰・西海道諸国には押領使、畿内近国・山陽・南海道諸国には追捕使という分布傾向があり、両者が併置されることはない。鎌倉幕府守護制度はその後身である。

乱の鎮圧を通じて「武士」が登場する。押領使となった前記の高望・利仁・秀郷の三人は、群盗勢力との激しい戦闘をとおして騎馬個人戦術を高度化させ、武名をあげた、日本史上の武士第一号といってよい。彼らの勇敢な戦いぶりが、超人的な武芸によって反乱や怪物を退治した武勇伝説を生み出した。

武家平氏の祖、将門の祖父である平高望(第②章で詳述)には、京で謀反を企てた民部卿宗章なる人物を宣旨をこうむって追討したという武勇伝説がある。

後世「利仁将軍」の通称で親しまれた伝説的武士、藤原利仁は、『今昔物語集』の説話や芥川龍之介の小説「芋粥」のなかで、越前国敦賀の富裕な豪族(王臣子孫)として描かれている。『鞍馬寺縁起』は、追討宣旨を受けた利仁が、関東から都に送る調庸を略奪していた下野国高蔵山群盗一〇〇〇人を、鞍馬の毘沙門天の加護によって追討したという武勇伝説を伝える。寛平・延喜東国の乱のことである。『尊卑分脈』は利仁を上野介としており、上野国押領使に抜擢されたものとみたい。彼の子孫は、越前・加賀を中心に有力武士団、斎藤党として成長していく。

後世「俵藤太」の通称で親しまれた伝説的武士、藤原秀郷は、将門の乱では将

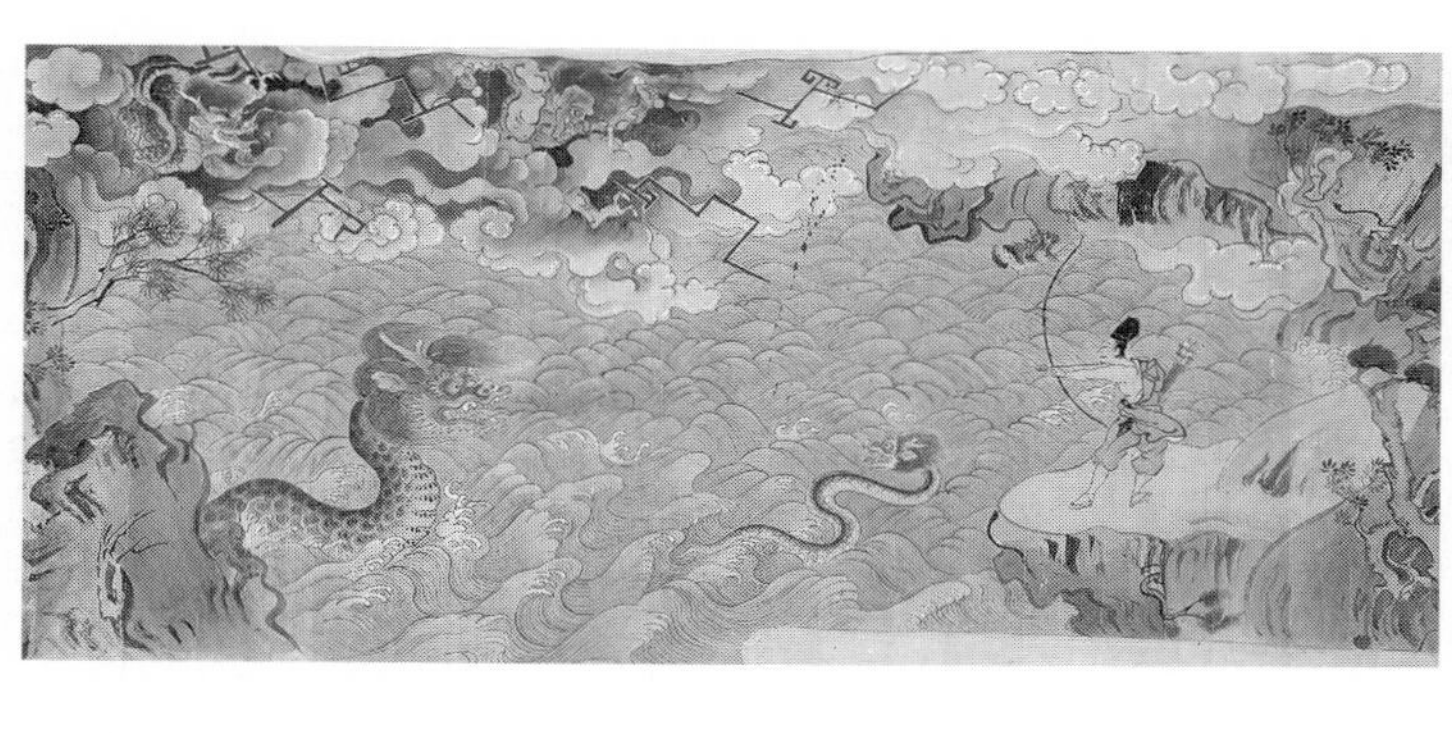
大ムカデを退治する秀郷（『俵藤太絵巻』より）

門の首を討ちとる最高の武勲に輝き、子孫は小山・藤姓足利氏ら北関東の武士団として発展した。奥州藤原氏も秀郷の子孫である。弓の名手俵藤太秀郷は、近江瀬田橋で竜神から三上山に棲む大ムカデの退治を頼まれ、退治のお礼の黄金の太刀と鎧を着け、竜神に教えられた将門の弱点を攻めてみごと討ちとったという。『尊卑分脈』によれば父子三代にわたり下野国下級官人の娘を母とする王臣子孫＝富豪層であり、東国の乱にあたり、秀郷は下野国押領使に任じられて東国乱平定に活躍し、下野国内に勢力を築いていった。

乱平定後、高望は上総介になり、利仁は上野介から鎮守府将軍になる。彼らの任官は勲功によるものであろう。秀郷は下野国に勢力を張った。

武士第一号＝延喜勲功者たちは（越前に帰った利仁を除き）、乱平定後、坂東諸国に土着し、任用（掾・目）や在庁官人として受領支配に協力することを条件に、広大な公田を請作する大規模負名経営者となった。しかし彼らは勲功赫々たる誇り高き武士であり、受領との協調関係がくずれたり、競合する勲功者や負名層とのあいだで紛争が起こると、武芸に訴えて決着をつけようとした。東国の乱後、受領は延喜勲功者とその子孫をいかに手なずけて国衙支配に服させるかが大きな課題になった。勲功者＝武士が、検田・収納をめぐる受領と負名層の対立の先頭に立つような事態になれば、受領にとって危険な状況になる。九〇九（延喜九）年、下総国で受領菅原景行が「過状」（始末書）を提出するような「騒乱」が起こり、九一五（同十五）年、上野国受領藤原厚載を射殺した同国百姓三人が武蔵国の国衙軍によって捕縛され、翌年、下野国に「罪人」藤原秀郷兄弟ら一八人の配流を重ねて命じている。九一九（延喜十九）年には武蔵国で前権介源仕が受領高向利春を国府に攻撃する事件が起こった（彼らも延喜勲功者か）。九二九（延長七）年、秀郷の濫行を勘糺（捜査）してほしいとの下野国の言上に、政府は近隣五カ国に兵力を差し向けるよう官符をくだしている。一〇余年後に将門の首級をあげる秀郷はこの時期、下野国衙（受領）に反抗し、坂東諸国を悩ませるお尋ね者だったのである。このころ将門は京にあって右大臣忠平に仕え、滝口の武士▲として天皇警固にあたっていた。

　将門と叔父たちとの抗争もこのような延喜勲功者（子弟）の動向の延長上にあった。

▼**滝口の武士**　たんに滝口とも。清涼殿東庭北の滝口そばにあった滝口陣に詰めて天皇の警衛にあたる武士。寛平年間（八八九〜八九八）創設。定員一〇人のち二〇人。公卿の推挙で補任された。蔵人所に属し、宿直の際は姓名を名乗り（名対面）、蔵人が奏聞した。

②—ヴェールにつつまれた前半生

純友：摂関家傍流の没落貴族

平将門より年長の藤原純友をさきに取り上げよう。純友がはじめて史料にあらわれる九三六(承平六)年、すでに五〇歳前後であった。伊予の地方豪族出身という説が唱えられたこともあったが、偽系図に基づく俗説である。

純友の父良範は、摂政藤原忠平の従兄弟、純友は忠平の従甥であった。忠平の父関白基経は摂政良房の養子であって、基経は純友の祖父(良範の父)遠経と実の兄弟であった。純友の乱を語るとき、純友が摂関家嫡流に近い血筋であることを忘れてはいけない。純友には宿命としての血へのこだわりがあった。

基経が良房の跡を継いで摂政関白太政大臣に上り詰めたことは、兄弟の昇進にも好い影響をあたえた。長兄国経は正三位大納言、末弟清経は従三位参議になっている。純友の祖父遠経は、妹で陽成天皇の母后高子▲の皇太夫人(中宮)時代の中宮亮▲、高子が皇太后になってからは、大叔父国経が皇太后宮大夫、父良範は少進をつとめた。八八四(元慶八)年二月に譲位した陽成は高子御所

▼**藤原高子**　八四二〜九一〇。清和天皇女御、陽成天皇母。父は藤原長良、基経・遠経らの姉妹。八七七(元慶元)年陽成即位により皇太夫人。八八二(元慶六)年天皇元服に際し皇太后。八九六(寛平八)年東光寺僧善祐と密通したとして廃后。

▼**職の職員**　中宮職・東宮職など「職」の四等官は、大夫・亮・大少進・大少属。

の陽成院に住し、父良範は引き続き少進として陽成院に出入りしていた。

純友は、おそらく元慶末・仁和初年(元年は八八五年)頃、良範の京宅で生まれた。誕生と成長は父母、祖父遠経、親族から祝福され、高子・陽成母子からもあたたかく見守られたであろう。親たちの願いは、純友が順調に貴族社会で身を立てていくことであった。

関白基経は八八四年、宮中で殺人事件を起こした陽成天皇を廃して光孝天皇を立て、光孝の子で賜姓源氏から皇位を継いだ宇多天皇は、直系皇統を誇り尊大にふるまう陽成母子を徹底的にはずかしめ、八九六(寛平八)年、高子を八年前の僧とのスキャンダルを口実に廃后とした。しかし高子廃后は国経やその兄弟、甥たちの官歴に影響をあたえてはいない。したがって純友の不遇の半生は高子廃后とは直接関係はない。だが純友が、大叔父・祖父・父の縁から陽成上皇に仕え、悪評高い陽成愛好の狩猟に随従していたなら、それが昇進を妨げたことはありうる。しかしそれよりも、幼年期に祖父遠経が参議を目前に死去し、十代半ばに父良範が五位のままで死去したことが、純友の人生の歯車を狂わせた最大の要因であろう。

純友の根拠地と伝わる釜島(『楽音寺縁起絵巻』模本より)　立烏帽子を被り弓を杖にしている甲冑姿が純友。釜島は，実際は藤原文元の根拠地。

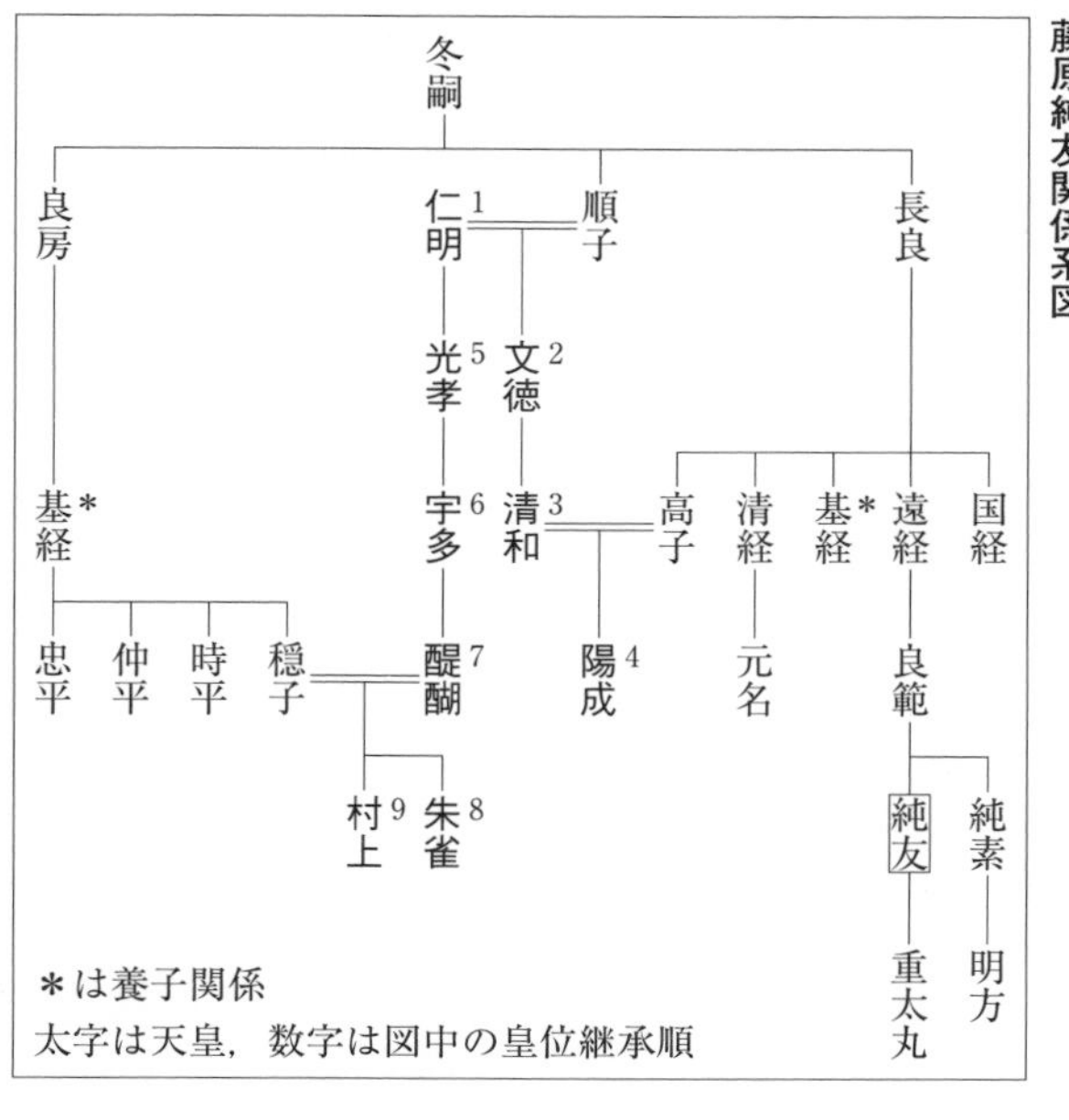

藤原純友関係系図

八九四(寛平六)年、参議の大叔父国経は大宰権帥を兼任し(直後に権中納言に昇任)、在京のまま当時猛威をふるっていた新羅海賊▲の追討将軍を拝命した。正史がとだえた八八七(仁和三)年九月以降、五位以上官人の叙位・任官記事が残りにくくなり、父良範は、以後、確かな史料に出てこない。しかし『尊卑分脈』▲は良範を「大宰少弐」としており、良範は追討将軍国経の代官的立場で大宰府に赴任したものと考えられる。

一〇歳になるかならないかの少年純友は父にともなわれて大宰府にくだった。新羅海賊撃退の武力としては、貞観年間(八五九〜八七七)以来、東北から強制移住させた俘囚(帰服蝦夷)が利用されていたが、少年時代の純友は、軍事的緊張下の大宰府で彼らの勇猛果敢な海戦戦術・騎馬戦術を学びながら、武芸の錬磨に励んだのであろう。のちに反乱に立ち上がった純友が幾度となく成功させた奇襲攻撃は、純友がただものではない英雄的戦士であったことを物語る。大宰府こそ「武士」純友をはぐくんだ母胎であった。

だが父良範は大宰少弐在任中か帰京してまもなく亡くなった。純友は十代半ばで父を喪ったのである。祖父遠経もすでになく、帰京した純友に貴族として

▼**新羅海賊**　九世紀の新羅では、連年の飢饉で困窮した海辺住民が海賊・武装難民となってしばしば九州北部を襲った。八六九(貞観十一)年の海賊船二隻の博多湾襲来後、大宰府を中心に迎撃体制を強化し、八九三・八九四(寛平五・六)年の大規模襲来では九州北岸が大きな被害を受けたが、大宰府と管内諸国の迎撃体制によって撃退した。

▼**『尊卑分脈』**　室町初期の公家洞院公定の原撰とされる藤原氏・源氏・平氏など諸氏の系図の集成。系図に載る人名の左右に記された官歴・生母・没日・年齢などの尻付記事やおもな人物の伝記的記述には、誤写や系図特有の誤りもあるが、古記録などで裏づけられる貴重な記載も多く、平安期の人名・尻付の信憑性は高い。

立身していく道は閉ざされていた。純友の不遇の人生が始まる。
それからおよそ三〇年、承平年間(九三一～九三八)まで、純友が何をしていたのかわからない。陽成上皇に仕え、宮廷で内舎人▲とか滝口として出仕しながら、チャンスをうかがっていたのであろう。醍醐天皇の皇子重明親王が、九三六年三月、京を出発した純友の動向に強い関心を示していることから、純友は重明親王にも仕えていたのではないか。寛平・延喜の国制改革(第①章参照)を通じて大きく変貌した貴族社会は、純友ら下積みの没落貴族にとって、なかなか浮かび上がりにくい環境になっていた。宮廷諸司所々▲には、「所々渡人」「散位窮者」などと呼ばれる貧しい不平家がゴロゴロしており、除目(任官議)では彼らを諸国の掾・目に任じる救済策も用意されていた。

少しさかのぼるが、九〇五(延喜五)年七月、三世王(天皇曽孫の王)・内舎人・前越前掾・中宮侍・親王家司などの肩書きの者ら一一人が「謀反」を密告された。彼らは京人から「博戯党」と呼ばれるあやしげなグループだった。彼ら没落貴族を含む下積みの不平家たちは会合しては、群飲・賭博・放言を繰り返していた。その放言が天皇や政府首脳へおよんだ時、それを聞いた底意地悪い者が

▼内舎人　中務省に属し、内裏宿衛、雑使、行幸の警衛などにあたった。令制では五位以上の子孫からとり、平安前期までは公卿の地位にのぼった者も多い。その後は上級貴族層と無縁になっていき、年労による任官が成立した。毎年三人、坂東諸国の掾に任じられた。

▼諸司所々　宮廷行事・儀式の運営に関与する太政官系列の寮・司・職と蔵人所系列の所々(内舎人所あり)の総称。公卿・殿上人・蔵人・太政官事務官人(弁・史)ら政府中枢が別当となって統率。

密告する。密告者は歌人で知られる遠江守平中興だった。「博戯党」のうち内舎人大野夏見だけが伊予国に流され、ほかの一〇人は恩詔によって赦免された。京人たちは、口から出た災いが身を滅ぼした、気の毒に、と同情した。似たような境遇にあった純友や将門も不平不満を群飲・放言ではらしていたのか。『今昔物語集』の説話が語る純友の息子重太丸の年齢にまちがいなければ、九二九(延長七)年に純友の京宅で生まれていた。不遇の純友ではあったが、その間、妻を迎えて男子を儲けていたのである。

忠平一家の栄華を尻目に、六位の下積みに甘んじなければならない純友の心のなかには、貴族社会へ復帰することへの切ない願望、やるかたない憤懣、そしてすぎゆく時間に対する焦慮が、澱んでいた。

将門：天の与えたるところ、すでに武芸にあり

平将門は桓武天皇▲の五代の孫である。八二五(天長二)年に桓武皇子葛原親王の子高棟王▲ら兄弟姉妹が平姓を賜ったのが、桓武平氏の始まりである。高棟王の弟、高見王▲が将門の曽祖父、その子の高望王が将門の祖父であり、清盛につ

▼桓武天皇　七三七〜八〇六。在位七八一〜八〇六。父白壁王(光仁天皇)。はじめ山部王。七七〇(宝亀元)年父の即位とともに親王。他戸親王廃太子後、七七三(宝亀四)年立太子、七八一(天応元)年即位。律令国家再建の政治改革と並行して遷都(長岡京・平安京)と征夷を遂行した。

▼高棟王　大納言までのぼり、子孫も代々中納言・参議など公卿を輩出する実務官人系貴族であった。この系統を堂上平氏または公家平氏という。本文の中興は高棟の孫。

▼高見王　八二五(天長二)年の兄弟姉妹の平氏賜姓の時、名前がないので、生まれていなかったと思われる。系図類にみえるだけで、『尊卑分脈』は「無位」とする。「蔭子」(五位以上の貴族の子)のまま内舎人などとして出仕していたのか。

ながる武家平氏の祖である。仁寿・斉衡年間（八五一〜八五七）頃の生まれと思われる高望王も、内舎人・滝口などとして出仕する不平分子だったであろう。その彼が東国の乱で上総国押領使に任じられ、乱平定に活躍する。『尊卑分脈』は「叙爵の後、平朝臣を賜る。従五下、上総介」と注記する。彼が通常コースで五位になるのはむずかしく、彼の叙爵（従五位下）と上総介任官と平姓賜姓は、勲功賞とみてよい。九〇一（延喜元）年頃のことと推定される。

高望は上総介任終後に上総国に留住したのだろう。「良」を兄弟通字とする五人の子息も、父とともに平姓を賜姓されて平朝臣を称し、長男良望（国香。以下、国香と表記）と四男良正は常陸に、将門父の次男良持▲は下総に、三男良兼は上総に、五男良文は武蔵に、それぞれ受領（国衙）から国内留住を容認され、広大な公田を請作して「負名」経営を展開する私営田領主となった。同時に国衙行政に関与する雑任国司（国香が常陸大掾、良兼が下総介）・在庁官人になる。とくに延喜勲功者子弟（武士）の声望によって国内治安維持を担当する「検非違所」に所属することが多かったのではないか。彼らの経営や活動は想像以上に受領（国衙）との関わりが深い。

▼**平良持**　『尊卑分脈』の配列順から一般に三男とされるが、『将門略記』は良兼を良持の「舎弟」とし、将門の通称「滝口小二郎」は「二郎」の子の称だから、良持は次男、良兼は三男である。

木造平将門坐像

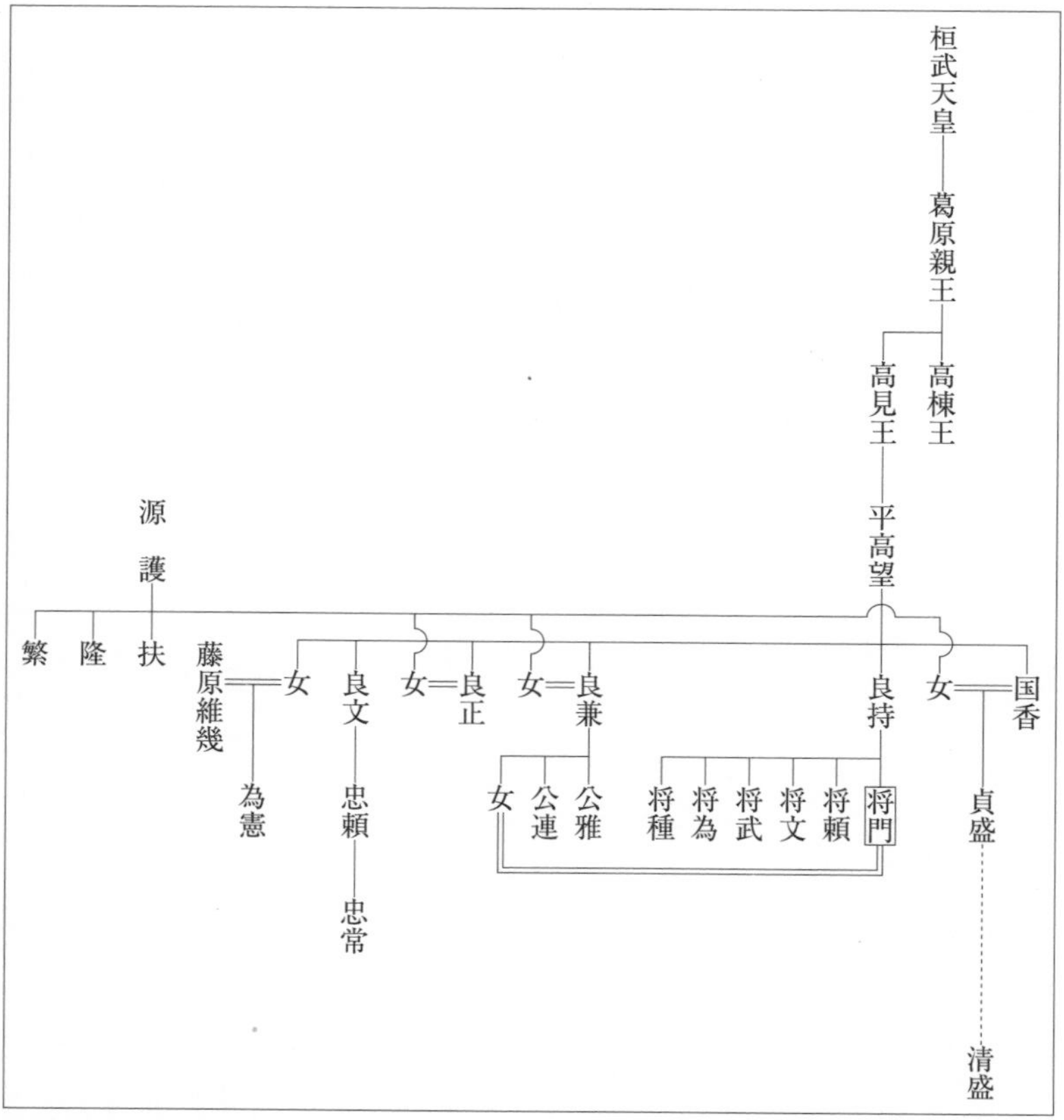

桓武天皇―葛原親王―高棟王
葛原親王―高見王―平高望
源護―扶
源護―隆
源護―繁
源護―女（藤原維幾＝女）―為憲
平高望―良文―忠頼―忠常
平高望―良正（女＝良正）
平高望―良兼（女＝良兼）―公雅・公連・女
平高望―良持―将門・将頼・将文・将武・将為・将種
良兼の女＝将門
平高望―国香（女＝国香）―貞盛……清盛

平将門関係系図

彼らは、次世代の将門が摂政忠平の家人であったように、摂関家など中央の王臣家と主従関係を結んでいただろう。国制改革によって脱税目的の私的結合は切断されたが、国衙支配に服し納税していれば主従関係は容認されていた。

将門の父良持は東国の乱当時は十代後半か。兄国香、弟良兼らとともに、父高望に従って合戦に参加し、武名をあげただろう。その声望によって、延喜末～延長初年頃(九二〇年代)、三十代で鎮守府将軍に任じられて胆沢城に在城し、蝦夷勢力と対峙して武芸を磨き、奥郡(将軍管轄諸郡)の国務＝検田・収納を行い、金・鷹羽・獣皮などの北方交易で財をなしたにちがいない。その蓄財は住国下総の経営にも投入され、兄弟のなかでは群を抜く富強を誇ったであろう。忠平ら王臣家へ莫大な献物を行って、自身および将門ら子息の官位昇進の足がかりとしたはずだ。『将門記』の人名表記は「将門」「貞盛」など実名だけが一般的であるが、「平朝臣良持」と、四位・五位の受領と同じく「朝臣」姓で表記している良持は、五位であった(良兼も同じ)。

将門は十代半ば頃、弟たちとともに父につれられて鎮守府胆沢城に赴き、数年間をすごした。のちに将門はみずから、「天の与えたるところ、すでに武芸にあり。思い惟(はか)るに、等輩の誰か将門に比せん」（『将門記』、扉写真上）と豪語している。将門が自他ともに認める最強の武士でありえたのは、若い日に胆沢城にあって、蝦夷との緊張のなかで身につけた、俘囚直伝(じきでん)の武芸にあったと思われる。胆沢城＝鎮守府が、当代最強の武士、将門をはぐくんだのである。

延長の中頃か、良持は鎮守府将軍の任を終えて下総に帰り、負名経営に専念する。将門は、父の口利きで十代後半頃に上京し、左(さ)大臣忠平に「名簿(みょうぶ)」▲をささげて家人として仕えた。やがて忠平の推挙によって滝口の武士となり、内裏(だいり)の宿直警備にあたることになった。「滝口小二郎(こじろう)」の通称が彼の履歴を物語る。その頃四十代であろう純友も滝口だったなら、彼ら二人はともに道真(みちざね)の怨霊(おんりょう)に怯える醍醐天皇の警衛にあたり、語り合ったことであろう。武勇を誇る二人に接点がなかったとは思えない。二人が酒を酌み交わし、不遇をなげき、夢を語りあっていたと想像するのは楽しい。しかしそれは、将門は天皇に、純友は摂関になると誓いあったという、後世創作された比叡山(ひえいざん)での語らいではない。

▼**名簿**　自分の官位・姓名などを書き記した名札。主従関係を結ぶ際、従者(じゅうしゃ)は主人に拝謁し、臣従を誓う証として名簿をささげる。

③—承平年間の将門——叔父たちとの私闘

私闘の始まり

父平良持は、鎮守府将軍在任中の蓄財をもとに、下総国豊田郡（拠点は鎌輪宿）・猿島郡（拠点は石井宿）を中心に大規模な負名経営を展開していたが、延長末年に死去したと思われる。将門は、おそらく九三〇（延長八）年醍醐譲位・朱雀即位にともなう滝口停任を機に京での立身の道をすて、父の経営を引き継ぐべく帰郷した。将門は下総国衙を訪れ、亡父の公田請作契約を更新して納税と受領への協力を誓約したはずである。武芸を見込まれて国内治安警察にかかわったかもしれない。

『将門記』を下敷きにする『今昔物語集』将門説話は亡父良持遺領の争奪が一族との対立の原因であったとする。『将門記』欠失冒頭部分にはそのような事情も書かれていたと推察される。将門の叔父、平国香・良兼・良正の三兄弟は前常陸大掾源護▲の女を妻とし、護一族と国香ら三兄弟一族は、婚姻で結ばれた同盟関係にあった。それぞれの負名経営は住国を越えた協力関係にあった

▼**源護**　延喜東国の乱平定のため派遣され勲功で常陸大掾となったか。父子とも一字名から、仕・宛父子と同族の嵯峨源氏か。

▼**平良文**　『今昔物語集』の説話で源宛との武蔵での決闘を賛嘆される「並ビナキ兵」村岡五郎良文だが、『将門記』には登場しない。将門と三兄弟一族との私闘に関与せず、将門追討戦に加わらなかった事情は、本文のとおり。

▼**『将門記』の信憑性**　将門没後わずか四カ月の「天慶三(九四〇)年六月中記文」の末尾記載を疑う説は多いが、その間に出された太政官符・国解・合戦日記・書状・裁判記録、また京中風聞などをもとに、乱の興奮冷めやらぬ平定まもない時期に、文人貴族によって書き上げられたものと考える。したがって、事実関係と日付はおおむね信頼できると判断する。

と思われる。一方、良持と良文▲は護との姻戚関係はなく、護・三兄弟の経営連合の圏外にあった。良持没後、三兄弟は護と共謀して良持の大規模負名経営の解体・吸収をはかる。将門が在京勤務を断念して帰郷したのは、彼らの企図をくじき父の経営を守り抜くためであった。

　発端は、九三一(承平元)年に将門が良兼と「女論」によって合戦におよんだことであった。将門は良兼の娘を妻としていた。「女論」とは、良兼が二人を引き裂こうとして起こった対立であろう。延喜勲功者子孫＝武士のあいだでは、名誉が傷つけられると、合戦＝決闘によって決着をつける風潮があった。将門と良兼は、武名をかけて合戦を挑み、たがいに仇敵とみなすようになった。

　良兼は将門との姻戚関係を通じて経営統合をたくらんでいた。しかし将門は、良兼の要求を拒絶した。怒った良兼は娘を連れ戻そうとし、将門も娘もそれを拒んだ。これが「女論」の真相であろう。叔父甥・舅聟の関係は決裂し、良兼は護・国香・良正の陣営に立って将門の経営の解体・吸収をめざす。将門は彼らを相手に孤軍奮闘することになる。

　以下の「泥沼の私闘」は『将門記』▲をもとに叙述する。ただし作者の主観や修辞あるいは誤認を排し、合戦の臨場感をねらっただけの兵力数記載はとらない。

　さて、将門と叔父三兄弟・源護との経営をめぐる対立が、熱い合戦にエスカレートしたのは九三五(承平五)年二月初めであった。護は前常陸大掾、『尊卑分脈』によれば国香も常陸大掾経験者、ともに常陸国衙権力に影響力をもっていた。そのような両者から圧迫される常陸国住人平真樹(系譜不詳)が、同じく護・国香陣営から圧迫されていた将門に助力を求めた。将門はそれに応えて護・国香陣営と戦う決意をしたのであった。この「弱きを助け強きをくじく」侠気は、『将門記』ではその後も将門を駆り立てる行動原理である。彼の行動原理を『将門記』の虚構と決めつけることはできない。

　登場まもない武士たちの私合戦(決闘)の作法は、双方で合戦の日時・場所を取り決め、戦場ではそれぞれ大音声で名乗りをあげ、みずからの正当性を高らかに主張しあってから合戦を始めるというものであった。将門と真樹の軍勢が常陸国真壁郡野本に姿をあらわすと、護父子・国香の軍勢は待ち構えていた。将門は舌戦で主張が受け入れられれば兵を引くつもりでいたようだが、護・国香勢は問答無用と戦いを挑んできた。将門らは力のかぎりに応戦して勝利をおさめ、敗北した護・国香側は、主将格の国香をはじめとして護子息の扶・隆・繁ら多くの戦死者を出して、退散した。

二月四日、将門・真樹勢は、勝ちに乗じて真壁・筑波・新治三郡に散在する護・国香側の経営拠点＝「宅」をことごとく焼き払った。これからあとも『将門記』では、勝った側が負けた側の「宅」を焼き払うのが合戦後のパターンである。「宅」は経営資源の稲穀を蓄積した倉庫主体の施設であり、「宅」焼却のねらいは相手側の経営破壊であった。開発私領の争奪戦ではない。

息子を殺された護は、常陸国衙に作成させた国解▲をそえて政府に将門・真樹を訴えた。常陸国衙は護を援護している。七カ月後の同年十二月、政府は護・将門・真樹を召喚する召進官符を護・真樹の住国常陸国と将門の住国下総国にくだす。将門だけに召進官符、さらには武力追捕を命じる追捕官符を出すのではなく、双方の主張を聞いたうえで裁定する方針で臨んでいる。殺害におよんだ私合戦であるから、将門が一方的に断罪されそうなものだが、そうならなかったのは、将門が「私君」とあおぐ摂政藤原忠平の意向が働いたからであろう。

国香の嫡子、将門には従兄弟の平貞盛▲は、事件当時は左馬允、在京勤務中で

▼**太政官符・国解**　律令制(公式令)で所管官司から被官官司への下達文書様式を「符」、逆方向の上申文書様式を「解」(解状・解文とも)という。政府＝太政官から国へは太政官符(「官符」)、逆方向は「国解」という。

▼**平貞盛**　生没年未詳。将門追討賞により従五位上右馬助、のち鎮守府将軍・丹波守・陸奥守を歴任。伊勢に留住した子孫(伊勢平氏)は、検非違使・受領を歴任する貴族的武士。清盛は直系子孫。

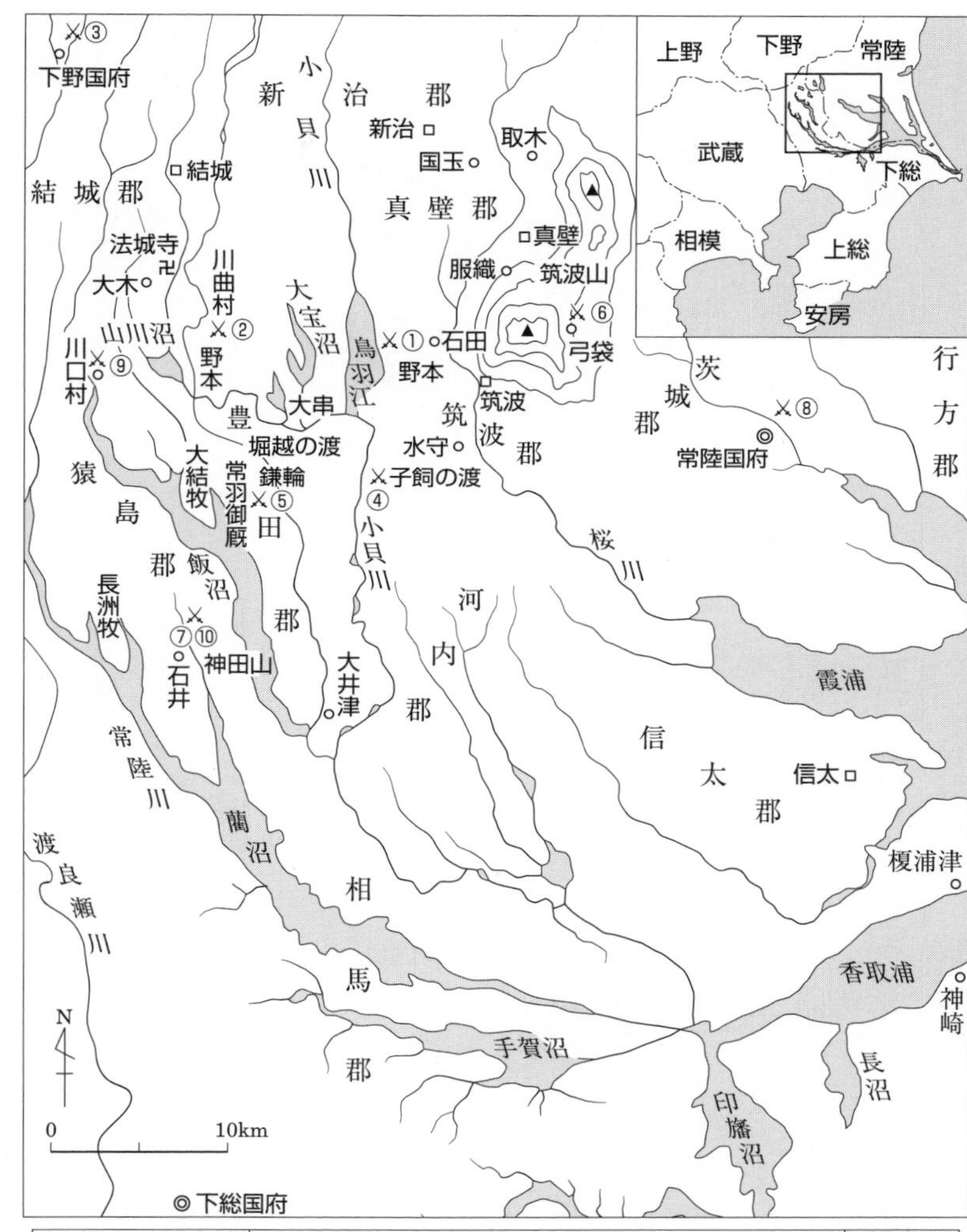

年　月	おもな内容	地図記号
935(承平５)年２月	将門，筑波・真壁・新治３郡に進攻(野本の戦い)	①
10月	将門と良正，川曲で合戦(川曲の戦い)	②
936(承平６)年７月	良兼ら下野・下総の国境に出陣。下野国府付近で合戦	③
937(承平７)年８月	良兼ら下総へ進攻(子飼の渡の戦い)	④
	将門の常羽御厩焼亡，堀越渡で敗北(堀越の渡の戦い)	⑤
10月	将門，良兼を服織に攻め，弓袋山で対陣	⑥
12月	良兼，将門の石井営所を夜襲	⑦
939(天慶２)年11月	将門，常陸国府で国軍と合戦(常陸国府付近の戦い)	⑧
940(天慶３)年２月	秀郷・貞盛，下総へ進攻，川口で合戦(川口の戦い)	⑨
	秀郷・貞盛，石井営所近くで将門を討つ(北山の戦い)	⑩

将門の乱関係地図

常陸国衙跡(茨城県石岡市)

あった。六、七年前まで京にあった将門とは交流があったであろう。貞盛は父国香敗死の報を受けて急ぎ常陸国に帰ったが、将門を仇敵とはみなさず、京での立身を見据え、亡父の経営保全と母の保護を条件にいったんは将門と和睦し、上洛しようとする。護の訴えに貞盛が加わっていないのは、この和睦による。

良兼との対決

将門が貞盛と和睦の会見をしようとしていた頃、護は、国香の弟で舅婿の良兼・良正に復讐の助勢を求めていた。同じ常陸国住人の良正は呼びかけに応えて国内の同調者をつのり、将門に挑戦状を突きつけ、九三五(承平五)年十月二十一日、常陸国新治郡川曲村で将門と対陣した。双方名乗りをあげて激しく戦ったが、敗れた良正や「因縁」(護らヵ)らは逃走し、勝ち誇った将門は翌二十二日、本拠地に凱旋した。良正の面目は潰され、武名の失墜は他国にまで知れ渡り、逆に将門の武名はおのずから坂東一円に轟いた。合戦は、遠巻きに見物する観客にとってはエキサイティングな見世物であり、合戦の模様は誇張されて広められる。勝者はヒーローとして喝采され、敗者は世間から嘲哢をあび、武士たるの評判は失墜する。武士の世界では勝利がすべてであった。彼らは武士である。

恥辱にまみれた良正は復讐の念に燃え、兄良兼に合力を求めた。「女論」以来、将門と仇敵の間柄の良兼は、国香死後は平氏(へいし)一族・姻族の長としての自負もあり、良正に支援を約した。彼は九三六(承平六)年六月二十六日、住国上総(かずさ)・下総両国国衙の警告を無視して姻族訪問を口実に常陸国をめざし、翌朝、常陸国の彼の拠点、筑波郡水守(みもり)の営所に入った。良兼は良正・貞盛とあいついで対面し、「親を殺されて敵に媚びるとは武士にあらず」と叱咤(しった)された貞盛は、不本意ながら加勢することにしたという。

良兼・良正・貞盛らの動きを知った将門は、七月二十六日、敵情偵察のためわずかの手勢で下総・下野(しもつけ)国境に陣を進めた。陣を張っていた新鋭多勢の良兼軍は、歴戦で疲弊した寡兵の将門軍を発見して襲いかかったが、将門軍の激しい応戦に怖じ気(おけ)づいて逃散(ちょうさん)した。将門が「鞭をあげ、名を称えて」追い立てると、良兼軍はなすすべもなく下野国府(こくふ)に逃げ込んだ。国庁を包囲した将門だったが、骨肉の叔父を殺して世間の非難をあびることを恐れて、国庁西門をわざと開い

▼武装越境に対する国衙の警告　隣国への武装越境は禁止されており、制止を聞かない場合、国衙は国解で政府に報告し判断をあおぐ。

▼営所　『将門記』で、館・武器庫・馬場などからなる軍事拠点をさす。「宿」とほぼ同義で使われ、経営拠点でもある。

て良兼の脱出を見逃した。下野国衙官人は良兼の「無道」ぶりを「事発日記」(事件記録)に書いた。下野国衙は良兼の「無道の合戦」と将門の正当性を国解で政府に通報したはずだ。下野国衙は、国庁に乱入した良兼を追い払ってくれた将門を支持したのだ。後日、将門に良兼らを追捕させよとの「追捕官符」が坂東諸国にくだされるが、この上野国解に応答したものである。

　良兼を破って二カ月近くたった九月七日、護・将門・真樹の召喚を命じる召進官符を携えた官使が常陸・下野・下総三国の国庁に到来した。将門には下総国衙から、護には常陸国衙から太政官へ出頭するよう伝えられる。この官符自体は、前年十二月二十九日付で作成されていたが、忠平は九カ月間あえてとどめていた。このタイミングで召進官符が届けられたのは、下野国での将門と良兼の合戦、それを報じる下野国解と無関係ではあるまい。官符が下野国にもくだされていることがそれを示唆している。良兼に非ありとする下野国解は八月中旬までには政府に届いたはずだから、陣定▲で議論がなされ、忠平ら諸卿は坂東の安定には将門の武芸が不可欠との心証を形成したのであろう。忠平はこのような坂東安定化方針をもとに、将門・護らの召喚に踏み切ったのだ。

▼**陣定**　内裏紫宸殿東面北廊南側の左近衛陣座で開催される公卿議定。天皇(摂関)から諮問された議案を審議。集約されず各論並記の定文が奏聞され天皇(摂関)の決定の参考とされる。

陣定(復元想像図)

召進官符に応じて将門は、十月十七日、護にさきんじて上京し、太政官に参上して陳状を提出した。その前に将門は「私君」忠平邸に参上して裁判の支援と助言を求め、忠平は将門を支持する態度を示していたのだろう。平素は口下手で要領をえない将門だったが、検非違使の取調べに対し、神仏の啓示か(実は忠平の助言だろう)、この時ばかりは堂々とよどみなく陳述できた。自身の武力行使が護や叔父たちの不当な企てをくじく正当防衛であることを強調したのである。京人は、将門が法廷で語った坂東での合戦のようすを想像をふくらませながら聞き入った。将門の武名は京畿内に轟き、将門は一躍ヒーローになった。審理の結果、将門は軽罪ですみ、数カ月間の拘禁ののち、翌九三七(承平七)年四月七日に赦免され、五月十一日、帰郷の途に就いた。拘禁場所は獄所ではなく忠平邸、客人扱いだったかもしれない。将門をヒーローに仕立てる演出にも軽罪判決にも、忠平の力が大きくあずかっていたであろう。

帰郷した将門を待ち構えていたのは、復讐の怨みに燃える良兼であった。良兼は満を持して、八月六日、精兵を率いて常陸・下総国境の水陸交通の要衝、子飼の渡に進出した。故高望と故良持の像を陣の前面に高く掲げて族長権と正

子飼の渡(茨城県下妻市)

▼**従類・伴類**　『将門記』に頻出する、従属兵力をあらわす語。前者はより従属的、後者はより同盟的な武士・負名をさす。

当性を誇示し、準備不足のまま対陣する無勢の将門の気勢をくじくと、将門勢は攻め立てられて早々に退散した。勝ち誇る良兼勢は、豊田郡に散在する将門の従類・伴類▲の「宅」を焼き払って引き上げた。良兼の陣営には護・貞盛・平公雅(良兼息)・公連(同)らがいたようだ。将門は心に復讐を誓って身を隠す。

形勢の逆転と武名の回復をあせる将門は、兵力を掻き集めて、同月十七日、豊田郡の堀越の渡に陣を張り、良兼軍を待った。だが体調不良の将門は、ほとんど合戦もせずに退散した。あいつぐ焼討ちに、郡内の「宅」はことごとく良兼の軍勢に焼き払われた。将門の経営基盤は大きく損なわれた。将門は、良兼の武力行使によってこうむった被害を下総国衙に報告し、国解に将門自身の書状をそえて政府に上申した。

良兼勢にみつかるのを恐れて、将門はいったん妻子(妻は良兼女)と猿島郡の飯沼の辺りに潜伏したが、妻子を隠したまま反撃への準備に取りかかった。一方、将門の妻子は裏切り者に発見され、帰陣していた下総の良兼のもとに連れ去られた。しかし妻の弟(公雅・公連)によって、九月十日、ひそかに豊田郡に送り届けられた。

石井営所跡(茨城県坂東市)

将門を討つべく良兼はふたたび護の訪問を口実に常陸国にいたった。それを知った将門は軍勢を整え、十月九日、常陸国真壁郡に発向し、良兼の拠点・服織宿(はとり)から始めて従類・伴類の「宅」をことごとく焼き払い、姿を隠した良兼を探索した。将門は、十三日、筑波山東麓の弓袋山(ゆぶくろやま)に籠もる良兼軍を発見し、「簡牒(かんちょう)」(挑戦状)を送って接近したが、日が暮れたので軍を引き、戦わないまま下総国の本拠地に引き上げた。

良兼「追捕官符」——将門、政府軍となる

上野国解・下総国解・将門書状によって、摂政忠平ら政府首脳は陣定で将門支持を決し、九三七(承平七)年十一月五日、良兼・護・貞盛・公雅・公連ら常陸国の犯人を将門に追捕させよという「追捕官符」(以下、良兼「追捕官符」)を武蔵(むさし)・安房(あわ)・上総・常陸・下野など諸国にくだした。かつて国香らの殺害には双方に「召進官符」を出し将門に有利な判決をくだした政府が、良兼の将門攻撃には将門に「追捕官符」をあたえて良兼追捕を命じたのである。一般に「○○に凶賊△△を追捕(追討)させよ」という宣旨(せんじ)は、○○の追捕使(ついぶし)(追討使)への任命を

意味する。また将門の乱終結後の十世紀後半、坂東八カ国押領使を特定国の受領一人に兼任させた例が複数ある。これらから、将門は事実上の良兼追捕使または坂東広域諸国押領使に任じられたとみられる。忠平らは将門を政府軍、良兼らを「凶賊」＝賊軍と認定したのである。政府軍の立場に立った将門は闘志をみなぎらせたが、協力を命じられた国々には温度差があった。将門住国下総国や良兼に国庁を荒らされた下野国は将門に好意的だったろうが、護・国香住国常陸国や良兼住国上総国は冷淡だったろう。将門はこののち、良兼「追捕官符」を最大限に利用して域内平和維持活動▲を展開する。

良兼「追捕官符」によって政府軍になった将門に対して、「犯人（凶賊）」の汚名を着せられた良兼は、公然と将門に挑戦しにくくなった。良兼は、将門の従僕の丈部小春丸を「乗馬の郎等にしてやる」との甘言で抱き込み、将門の石井営所の施設配置（武器庫・避難路・出入口など）を聞き出し、「一人当千▲」の精鋭で夜襲せんと、十二月十四日深夜、ひそかに石井営所をめざした。それを将門の「一人当千」の配下が発見して将門に急報すると、将門は少数で防御態勢を固めて敵襲を待った。不意撃ちのはずだった良兼勢は、逆に将門側の待ち伏せにあ

▼**平和維持活動**　本書では、将門が「追捕官符」の指名する良兼らに対象を限定せずに域内トラブルに介入・調停する活動を便宜的に平和維持活動と表記する。

▼**一人当千**　『平家物語』などで強い武士を形容する語。『将門記』の戦士が武士であることを示す。類似の「一以当千」が蝦夷や俘囚の勇士に使われ、武士の騎馬個人戦のルーツが蝦夷・俘囚にさかのぼることを示唆している。

▼**政府記録と忠平日記**　本書では便宜的に、政府記録（外記日記）に基づく『日本紀略』『扶桑略記』『本朝世紀』などの年代記の記事を政府記録とし、忠平の日記『貞信公記』の抄録『貞信公記抄』を忠平日記とする。

って算を乱して逃げだし、追撃に転じた将門勢は多数の敵兵を殺害して撃退した。捕えられた小春丸は処刑された。

良兼に与同して追捕官符で名指しされた貞盛は、指名手配の解除と将門罪科を政府に訴えようと、九三八(承平八)年二月中旬、東山道から上洛の途に就いた。讒言を恐れた将門は貞盛のあとを追い、二月二十九日、信濃国小県郡国分寺で追いつき、千曲川で合戦となったが、貞盛は山中に隠れ、将門はむなしく引き上げた。追撃を振り切った貞盛は、上洛して政府に将門の非法を訴える。

もっとも、平氏の私闘は、政府にとって実はたいした問題ではなかった。将門や良兼は政府や国衙に反抗したわけではなかった。政府記録も忠平日記▲も平氏の私闘について一言もふれていない。同時期の西国の海賊問題を大きく取り上げているのに比べて対照的である。

武蔵国問題への介入

あらたな問題が武蔵国で起こっていた。九三八(承平八)年二月中旬、権守従五位下興世王▲・介源経基▲と、足立郡司・判官代の武蔵武芝が対立していた。源

▼興世王　?〜九四〇。「世」を通字とする桓武孫王・三世王か。乱では将門の参謀として坂東占領、新皇即位などを推進したが、将門敗死後、上総国で平公雅に討たれた。

▼源経基　?〜九六一。清和天皇皇子貞純親王の子。清和源氏の祖。将門謀反密告賞で従五位下。征東軍幕僚として東国に下向した。ついで西国に追捕使次官として転戦、博多合戦で純友勢が敗北すると、敗走する豊後勢を豊後・日向方面に追いつめ勲功をあげる。子孫は、検非違使・受領・蔵人・殿上人になる貴族的武士。経基孫の頼信から頼義・義家の三代は東国・東北の反乱鎮圧を通じて武家の棟梁の地位を確立。鎌倉幕府を創設した頼朝は義家の玄孫。

経基は清和天皇の孫で清和源氏の祖であるが、「いまだ兵の道に練れ」ていない六位官人であった。興世王も経基も武蔵国で受領未着任のこの時期に荒稼ぎを目論んでいた。一方、武蔵武芝は、武蔵国造・譜第郡司▲の系譜を引く伝統的権威をもつ郡司ではあるが、この時期の郡司は、国使の業務の補佐的役割を果たすだけで、経営的には「負名」であった（第①章参照）。

受領は着任後に国内巡検を行うのが「例」であったが、興世王と経基は、受領着任を待たず二月にそれを強行しようとした。部内巡検で郡司・負名らは豪勢な接待と莫大な土産を要求される。興世王・経基の目的はそこにあった。二月は、稲作サイクルでは、公田請作契約後の、もっとも労力を要する田起こしの季節であり、この時期の部内巡検は、負名たちにはたえがたい。郡全体の満作に責任を負う郡司にとってはなおさらである。武芝は郡内負名層の反発を代表して入部を拒絶したのである。興世王・経基は「郡司無礼」と入部を強行し、武芝の各地の「宅」の財物・稲穀を持ち去り、残った「宅」を差し押さえた。その間、武芝は山野に身を隠した。武蔵国衙の在庁官人らは越後国の例にならって興世王・経基を弾劾する落書を国庁前に張りだした。事の次第はすぐに武蔵国

▼**国造・譜第郡司**　国造は大化前代、大和政権から地域支配を任された在地首長。譜第郡司は伝統的権威によって代々郡司に補任される在地首長。

内に知れ渡り、反興世王・経基の気運は一挙に高まる。武芝はその声援に力をえて財物返却を要求したが、彼らは、武芝に合戦での決着を迫り、比企郡の丘陵に陣を張った。『将門記』では時期ははっきりしない。

政府記録では四月十五日、京で多くの政府建物まで倒壊する大地震が発生し、陰陽寮の占いは「東西兵乱」を予言する。パニックのなかで政府は貞盛の将門告発に過敏に反応したのだ。余震は六月まで続き、五月二十二日、政府は「地震兵革」を慎むため承平から天慶に改元した。地震の続発を東西兵乱の予兆と受け止めた政府は、諸国衙を通じて情報収集につとめ対応策を検討しはじめるが、将門を不穏な坂東情勢の主体とはみなしていない。良兼「追捕官符」は生きており、犯人は公式にはいまだに良兼であり、貞盛も含まれていた。

そのころ武蔵国(興世王ら)から橘近保▲の「犯過」の報告を受けた政府は、五月二十三日、「武蔵国および隣国」に「追捕官符」をくだした。政府記録にみえるこの事件も武芝の動きと無関係ではないだろう。したがってこの追捕官符発給日時は、興世王・経基と武芝が合戦におよぼうとしていた時期が四~五月頃であったことを推測させる。近保「追捕官符」が六月上旬頃、武蔵国や「隣国」に届

▼**橘近保**　延喜勲功者子孫と思われる相模・駿河に勢力を張る橘氏。後出の遠保は兄弟、最茂は一族だろう。乱終結後の九四二(天慶五)年、駿河掾近保が、駿河守最茂から訴えられ、九四七(天暦元)年になっても係争中であった。

くと、「隣国」下総国衙は将門に犯人追捕を要請したはずである。将門は、良兼「追捕官符」をえて以来、坂東平和維持活動の担い手を自任し、下総国衙も将門をそのように遇していた。

将門が武蔵国へ越境して、血縁でも因縁でもない興世王・経基と武芝の対立に介入したのは、この近保「追捕官符」と良兼「追捕官符」を根拠とするものである。将門は武芝と面会して説得し、興世王・経基に国庁での会見と和解を呼びかけた。将門は武芝とともに国庁で興世王と対面し、和解の宴席で意気投合した。興世王は同席する在庁官人・郡司・負名たちとも和解し（近保もいたかもしれない）、武蔵国の騒擾（そうじょう）は鎮静した。将門は、自分の平和維持活動が坂東に静謐をもたらしたと自信を強め、得意になった。酔った勢いで「我こそは坂東の王者だ！」と放言してもおかしくない。

だが将門の呼びかけに疑念をいだいた経基は宴席にあらわれなかった。「いまだ兵の道に練れ」ていなかった経基は、武装した武芝配下に恐れをなし、将門が自分を殺そうとしていると妄想して逃散したのだった。経基は宴席での嘲哢を背に、将門を訴えるべく京をめざした。武蔵国の紛争をおさめた将門は下総国の本拠地に帰り、武芝らと和解した興世王は、国衙にとどまって国務を執り続けた。

こんどは伊豆国から政府に将門の弟平将武の犯過が報告され、同年十一月三日、政府は駿河・伊豆・甲斐・相模など諸国に追捕官符をくだした。冬期は収納の季節。国使(収納使)と負名らとのあいだで損免(租税控除)をめぐって折りあわず、暴力的反抗に出たのだ。良兼「追捕官符」・近保「追捕官符」のあいつぐ発給は、将門に坂東平和維持活動のお墨付きをあたえたことになり、政府としては将門の調停活動に期待しつつも、弟将武の反受領活動などによって、将門の動きに神経を使わなければならなくなる。

謀反か?　誣告か?

貞盛が将門の追撃を逃れて京をめざしてから一年近くがすぎた九三九(天慶二)年二月十二日、忠平は将門召問使の派遣を決めた。告発者貞盛には常陸国宛将門召進官符を託した。忠平は告発を無視していたわけではない。坂東情勢を見極めるために必要な時間だった。武蔵国では興世王・経基と武蔵武芝の対立、将門の仲介による和解、経基の逃散と上洛、伊豆国では平将武の反受領闘争など、平氏の私闘とは次元の異なる不穏な状況が生じていた。六月には将門の宿敵良兼が病没し、良兼との長かった私闘はうやむやのうちに終った。

政府が将門召問使を発向させてまもない三月三日、経基が興世王と将門の謀反を密告した。武蔵国事件のあとすぐに上京していたなら一〇カ月近くがたっている。その間、将門への怨みを誰にも語らなかった経基が、ここにいたって突然密告したとは考えにくい。経基は将門をおとしいれるために忠平ら政権中枢に情報提供していただろう。忠平は経基情報を坂東情勢の鎮静にどう活用すべきか、熟考する。将門に好意的だった忠平は、将門の評判を貶める情報があいついだことで警戒しはじめていた。貞盛と経基の情報から驕慢化が懸念される将門にこのまま坂東平和維持を託していいか、その任からはずすべきか。その場合、貴族官人・京人から将門のヒーローイメージを失墜させる必要がある。

こうして忠平は将門召問使を派遣するとともに、経基に興世王と将門の謀反を密告させたのである。経基は、宴席の将門が酔った勢いで、「俺は坂東の王者だ！」などとうそぶくことを知っていた。忠平は経基に、武蔵国庁での将門と興世王の会見・群飲・放言を、坂東占領を企む謀反として密告させたのである。私は経基の密告の背後に、忠平の冷徹な政治的意図を読みとりたい。忠平はみずから演出した将門謀反を必ずしも信じていたわけではなかった。将門の武芸に頼っていては政府主導の坂東安定化は実現できない。このまま将門が良兼「追捕官符」を根拠に坂東諸国の紛争に首を突っ込むことを許容していたら、将門は増長して手におえなくなる。ここらでブレーキをかけよう。

密告が受理されると宮廷は騒然となった。忠平は公卿議定をふまえて、種々の対策を打ち出す。三月四日、忠平は伊勢神宮祭主▲に「坂東の兵事」を祈らせ、九日には諸社に祈禱を、延暦寺に修法を命じ、二十二日には陰陽道祭祀を行わせた。天皇・貴族・僧侶・京内住人のあいだで危機意識を共有させ、将門のヒーローイメージを剝奪するためであった。政府はにわかに緊張感を高めていった。忠平にとっては、この非常事態状況を意図的につくりだすことが重要なのであり、将門謀反が事実か虚報かは重大ではなかった。虚報との政治決定がなされれば、経基を誣告罪でスケープゴートにするだけである。忠平がただちに将門を切りすてたとみてはいけない。忠平が謀反の筆頭にあげているの

▼**祭主**　在京して伊勢神宮の政務を総括。神祇官の大中臣氏の世襲。祈年祭以下の神宮祭祀・臨時奉幣使などを奉仕した。

▼**御教書**　三位以上の仰せを奉じた侍臣の書状(奉書)の総称。ここでは忠平の私的な仰せ。

は興世王である。

召問使は三月上旬までに将門の許を訪れ、上京して申し開きするよう伝えた。しかし将門は忠平に弁明する書状を託しただけで出頭には応じなかった。将門は自身の行動を良兼「追捕官符」に基づく正当な活動であると確信しており、忠平も自分の活動を支持していると信じていた。忠平はこの将門書状を三月中旬には受け取った。上洛しなかったことが忠平の心証を悪くさせた。

書状を読んだ忠平は、私的に謀反の実否を問う三月二十五日付の御教書▲を、家司の多治助縄を使者として送り、四月二十八日、将門はそれを受け取った。御教書には「武蔵介経基の告状により将門を推問すべきの後符を定めること、已に了んぬ」とあり、貞盛告状に基づく被告人召問官符(「前符」)よりはるかに厳しい、謀反嫌疑人推問官符(「後符」)が出されることに決まったことが将門に伝えられた。忠平は将門を出頭させ直接真意を確かめようとしている。

御教書を読んだ将門は、自分が「謀反」人として告発されていることを知って驚愕し、あわてて常陸・下総・下野・武蔵・上野五カ国に、謀反は経基の讒言であり将門に謀反の意図など微塵もない、逆に将門は坂東諸国の平和維持に貢献してきた功労者である、との解文をつくってもらった。四日後の五月二日、謀反無実を弁明する自身の書状に五カ国解文をそえて使者多治助縄に託し、推問密告使の到来を待つことにした。だが今回も上京しなかった。それは取り返しようのないミスであった。将門書状と五カ国解文は五月中旬には、忠平のもとに届いたはずだが、忠平は将門に返事を出さなかった。

五月五日、忠平は坂東諸国に「部内不粛正」を譴責する官符をくださせ、十五日、「東国西国群賊悖乱」鎮静のため、伊勢・石清水・賀茂以下の諸社と東海・東山道諸国の名神▲に臨時奉幣使▲を派遣した。ここでも東国群賊を問題とし、将門を名指ししていない。同日、謀反嫌疑人興世王が居座る武蔵国の正常化のため、縁戚でいまだ在国中の前上総介百済王貞連▲を武蔵守に任じた。翌十六日、「乱逆」平定のため急きょ相模権介橘最茂▲・武蔵権介小野諸興▲・上野権介藤原惟条▲らを任じた。三人は現地在住の延喜勲功者子弟＝武士と思われる。

同じ時期、将門書状と将門謀反無実の五カ国解文が届いたはずだが、忠平日記に記事はない。忠平はもはや将門の弁明にも将門を支持する坂東五カ国解文にも耳を傾ける気はなかったのだ。しかし忠平はこれを公卿議定に付した。公

▼**名神**　諸国神社のうち、とくに霊験の優れた神社。『延喜式』「神名帳」に二二四社、同「名神祭」に二〇三社。

▼**奉幣使**　勅命を受けて幣帛(神前にささげる幣・供物)を神社や山陵に奉献する使。

▼**百済王貞連**　百済王氏は百済最後の王・義慈王の子善光を祖とする氏族。「王」は姓。

▼**橘最茂**　前出の近保、後出の遠保と同族と思われる。乱終結後の九四二(天慶五)年駿河守とみえる。勲功賞か。

▼**小野諸興**　武蔵小野牧を本拠とする武士。延喜勲功者と思われる高向(小野)利春の子か。兄弟の景興・国興は在京活動。

▼**藤原惟条**　中納言山陰の孫。延喜勲功者利仁の従甥。

卿議定では、将門の平和維持活動を賞賛する五カ国国解によって将門に恩賞をあたえ、功績にむくいるべきだという意見が多かった。だが忠平は彼らの意見を黙殺した。以後、諸卿は忠平に忖度してか、将門支持を語らない。

忠平は坂東情勢をおさえる対策を着々と進める。五月二十五日から三日間、「坂東兵賊」鎮定のため十五大寺・諸社で仁王経御読経を行わせ、六月一日にも諸社・諸寺に読経させ、法琳寺▲で「坂東謀逆」調伏のため大元帥法▲を始行させた。大元帥法は滅多なことでは修さない朝敵調伏に絶大な効力を発揮するはずの秘密修法である。忠平は坂東問題に対して朝野あげて危機意識の共有を要求し、断固鎮静する決意を表明しているのである。将門は追い詰められていく。

六月七日、忠平は推問密告使(長官右衛門権佐源俊▲)を任じた。明法家▲を含む将門謀反調査団である。経基が密告してすでに三カ月がすぎ、推問使派遣を予告する忠平御教書が将門のもとに届いて四〇日たっていた。忠平はわざと派遣を遅らせて将門をじらし、将門に何らかの行動を起こさせ(上京弁明かあらたな介入か)、真意を確かめようとしている。忠平は推問使任命にあわせて、九日、密告者拘禁規定に基づき実否判明まで経基を左衛門府に禁じた。謀反無実なら

▼**法琳寺**　京都市伏見区にあった寺。小栗栖寺とも。大元帥法を勤修する寺であった。常暁が唐より将来し、八四〇(承和七)年法琳寺に大元帥霊像を安置して修法することを許されて以降、同寺で修された。

▼**大元帥法**　大元帥明王を本尊とし怨敵調伏のために修する秘法で、法琳寺で例修されていた。延喜東国の乱、承平南海賊、天慶の乱で賊徒降伏のため修された。

▼**源俊**　生没年未詳。『後撰和歌集』歌人。父は右大弁唱。母は橘善基の女。蔵人・右衛門権佐(検非違使佐)・弁官などを歴任。

▼**明法家**　法家とも。明法道(律令法学)をおさめた明法博士などの官人。検非違使には道官人・道志と呼ばれる明法家がおり捜査・量刑を行った。

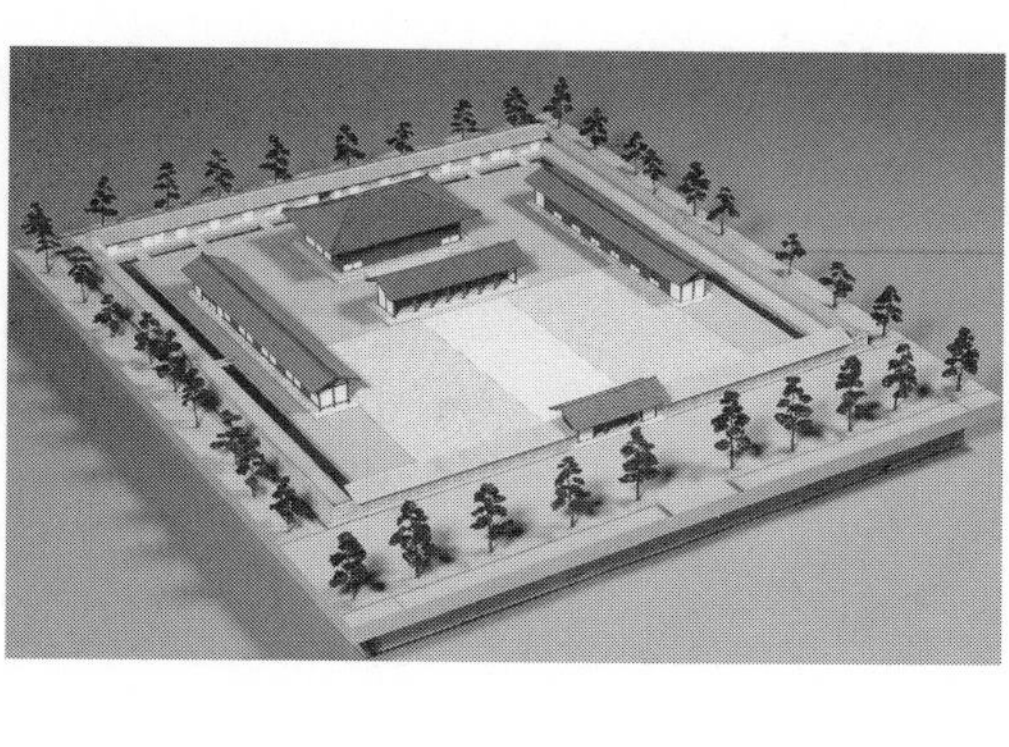

下野国庁跡復元模型

経基は誣告罪に問われ、謀反相当の処罰がなされる。同日、さきに「東国介（とうごくのすけ）」に任じた延喜勲功者子弟三人に任国の押領使を兼帯させ、二十一日、彼らに「国々群盗追捕官符」をあたえた。ここでもまだ将門を名指ししていない。

この頃、貞盛は将門召進官符をもって常陸国に帰っていた。貞盛への将門「召進官符」と押領使任命・「国々群盗追捕官符」によって、将門が良兼「追捕官符」をよりどころとしてきた坂東平和維持活動の正当性は失われた。武蔵国庁では新任受領百済王貞連の着任儀礼が行われ、貞連は興世王を謀反嫌疑人として扱い、着座を許さなかった。興世王はこれを怨んで下総国の将門のもとに走った。将門は同じ謀反嫌疑人という立場をも顧みず彼を迎えた。武蔵守貞連はただちに政府に報じ、忠平ら政府首脳の将門評価はますます悪化する。

八月十七日、忠平は自邸に陸奥守（むつのかみ）平維扶（これすけ）を招いて餞別の宴（うたげ）を催し、しばらく貞盛を陸奥で保護するよう命じる。維扶は赴任途上の十月に下野国府で貞盛と面会し、陸奥国に同行させようとした。それを察知した将門が下野国府に乗り込むと、貞盛は山野に身を隠し、維扶は貞盛を見捨てて任国（にんごく）陸奥に入った。

推問使源俊はなかなか進発しなかった。彼は坂東諸国での発兵権を要求していたが、十月二日の公卿議定では認められず、二十二日、忠平邸を訪れて発兵権のない不安を訴え、十一月十二日、進発の遅延を忠平から譴責された。十二月四日、また忠平邸に来て発兵権付与を重ねて要求すると、忠平はようやく認め、十九日、俊は二十八日に進発することを忠平に約した。

九三九年冬、謀反か誣告か、将門と経基はどちらにころぶか固唾を呑んでいた。

④承平年間の純友——南海賊平定の殊勲者

純友は海賊ではなかった

かつては純友が承平年間、伊予国日振島▲を根城に海賊を率いて瀬戸内海を荒らし回っていたと信じられていた。それを裏づけるのが『日本紀略▲』(以下『紀略』と記す)承平六(九三六)年六月某日条冒頭の、「南海賊徒首藤原純友が党を結び、伊予国日振島に屯聚し、千余艘を設け、官物私財を抄劫している」という記事である。しかし歴史学の学問性を担保する「史料批判」によって、この記事の信憑性はくずれる。

第一に、『紀略』記事と中心部分がほぼ同じ内容の『扶桑略記▲』(以下『略記』と記す)承平六年夏六月条冒頭は、「南海道賊船千余艘が海上に浮かび、官物を強取し、人命を殺害している。よって上下往来の人や物は不通になった」であり、純友も日振島も出てこない(扉写真下)。私は両記事の共通の原史料は、海賊平定を報告する文人貴族、伊予守紀淑人▲が作成した「伊予国解」だと考えている。

両者ほぼ同じ中心部分は、小野氏彦・紀秋茂・津時成ら三〇余人を「魁帥」=

▼**日振島**　南予の宇和島と大分・宮崎を中継する豊後水道の要衝。九二・一〇三ページ図参照。

▼**『日本紀略』**　編者・成立年時未詳。神代から後一条治世までの漢文編年体史書。光孝治世までは「六国史」の抄録、以降は主として「外記日記」による。

▼**『扶桑略記』**　神武天皇から堀河天皇までの仏教史書。皇円著。漢文編年体。種々の霊験記・縁起などを引用するが年代記部分は「六国史」「外記日記」などによる。

▼**紀淑人**　?～九四八頃。父は中納言長谷雄、兄に『古今和歌集』真名序を書いた淑望。『古今集』歌人。左近衛将監・蔵人をへて、九二五(延長三)年左衛門権佐(検非違使佐)、九三六(承平六)年五月、追捕南海道使兼伊予守。海賊平定賞で従四位下。九四三(天慶六)年丹波守、九四八(天暦二)年河内守。

賊首とする二五〇〇人の海賊が、伊予守紀淑人の寛大な人柄を聞いて全員投降して国衙の支配に服することになった、というものであり、ここにも純友の名は出てこない。『紀略』記事のいうように純友が海賊徒首であるなら、中心部分で全員投降したという魁帥のなかに純友がいないのはおかしいし、純友が投降していないのなら全員投降したとする中心部分の記述と矛盾する。『略記』記事にそのような矛盾はない。▲

第二に、『紀略』が純友の海賊活動の拠点とする日振島は豊予海峡の外側、宇和島沖の豊後水道に浮かぶ島、極端にいえば太平洋の孤島である。ここを基地に瀬戸内海で活動することは不可能である。第一と第二から、『紀略』冒頭部分は「伊予国解」にはなかったとみなければならない。むしろ純友にふれない『略記』記事冒頭が「伊予国解」に近いといえる。

第三に、『紀略』記事末尾の「これを前海賊と号す」は、三年半後の九三九（天慶二）年十二月の純友蜂起を「後海賊」と見立てた文言であり、「伊予国解」作成時点では書けない。この文言は明らかに後世挿入されたものである。一方『略記』記事末尾は、対句形式の記事後半の構文が維持されたまま「民烟漸く静まり、

▼**『略記』記事の改変**　『略記』記事も「伊予国解」そのものではなく、淑人を淑「仁」、魁帥小野氏彦を氏「寛」、淑人の官途伊予「守」を「大介」に改変している。

郡国興復す」と結ぶ。海賊平定・復興を報告する「伊予国解」の結語にふさわしい。以上から、九三六年の純友が承平南海賊の首領であり日振島を拠点に瀬戸内海を荒らし回ったとする『紀略』記事冒頭は、信憑性なきものとして斥けられなければならない。

それでは純友は承平南海賊と無関係だったのかというとそうではない。『本朝世紀』天慶二年十二月二十一日条は「このたび随兵を率いて巨海に出た前伊予掾藤原純友は、去る承平六年に海賊を追捕せよとの宣旨を受けた人物である」という伊予国解状を引いている。疑う余地のないこの記事は、『紀略』記事とは裏腹に、九三六年の純友が「追捕宣旨」を受けて承平南海賊を平定する側にいたという、重大な事実を語っている。すなわち、九三六年の純友は海賊ではなかった。逆に承平南海賊平定の中心人物だったのである。この事実が抹殺されたまま、純友は一〇〇〇年以上も海賊の汚名を着せられてきたのである。しかし史料批判で濡れ衣ははれた。純友の無念も多少は軽減されたであろう。

九三六年の純友は「前掾」であった。現任の掾だったのはいつ頃だろう。父良範の従兄弟の元名が九三二(承平二)年に伊予受領になっていることに注目した

▼**『本朝世紀』**　藤原通憲が一一五〇(久安六)年、鳥羽法皇密詔により編纂に着手した「六国史」を引き継ぐ国史だが未定稿で、断片的に現存するのみ。「外記日記」を素材とする記事の信憑性は高い。

▼**藤原元名**　八八五～九六五。参議清経男。九一四(延喜十四)年、陽成院御給により叙爵。能登・備後・伊予・大和・丹波・山城などの国守を歴任し、九五八(天徳二)年参議(兼大宰大弐)。

い。受領は任国に、行政幹部として子弟・郎等を引きつれて赴任する。掾を郎等とすることは禁じられていたが、諸司所々で実務を積んだ掾なら特例的に認められた。三〇年余り内舎人・滝口などを渡り歩いた純友は、元名が受領に任じられた九三二年正月の除目で、元名の口添えもあって伊予掾に補任されたと推測される。伊予掾純友は、元名の郎等だったのだ。在任期間は、元名の受領在任期間と同じ九三二年正月から九三五(承平五)年十二月までの四年である。

元名が純友を郎等に抜擢したのは、一つには不遇の一門を憐れんで、出世への足がかりとさせようとしたからであろう。しかし従兄弟良範の大宰少弐在任中に、少年純友が武芸を修練していたことを知っていた。元名が伊予受領を拝任した九三二年、山陽南海道では承平南海賊が暴れ回っていた。元名の任務の一つは海賊鎮定にあり、元名は、純友の武芸を見込んで掾に推挙し郎等としたのであった。純友は九三六年に追捕宣旨をえて海賊平定にあたっただけでなく、それ以前の九三二年から九三五年末まで受領元名のもとで現任伊予掾・郎等として海賊対策を担当したのであった。

承平南海賊の実態

第①章で述べたように、九世紀後半に政治問題化した富豪層の脱税闘争は、瀬戸内海地域では海賊という形態をとっていた。しかし九世紀末の財政構造改革＝綱領による運京請負の停止によって海賊（被害偽装）を行うメリットが失われて、海賊はいったん鎮静していた。

九三一（承平元）年正月、摂政忠平が海賊対策について何かの指示を出した。承平南海賊に関する最初の史料である。およそ半世紀ぶりに政治問題となった海賊は、以後、九三六（承平六）年六月に平定されるまで六年間にわたって瀬戸内海を荒らし回った。私はこの海賊を、『本朝世紀』天慶二（九三九）年五月十五日条「去……承平五年六月南海賊等時例」の記事から、「承平南海賊」と呼び、九三九年十二月に始まる純友の乱と区別している。この理解はおおむね支持されているものの、実態理解はバラバラである。『将門記』のような詳しい軍記物がないので、政府記録や忠平日記の簡単な記事に頼るしかないが、それらから「承平南海賊」の活動と政府の対策をみてみよう。

九三二（承平二）年四月、摂政忠平は追捕海賊使の派遣を命じ、十二月には備前国が報じた海賊について指示を出した。九三三（承平三）年七月に政府は「兵賊」を慎むため「山陽諸国」に名神祈願と警固を命じ、十二月に「南海国々海賊いまだ追捕に従わず、遍満す」、とりわけ阿波国の被害が深刻という状況のもとで「国々警固使」が配置された。翌九三四（承平四）年四月には諸社に、五月には山陽南海諸国諸神に、海賊平定祈願のため奉幣が行われ、六月には海賊平定に送り込むため神泉苑で「弩」の訓練が行われた。七月と十月には追捕海賊使が派遣された。このような対策強化にもかかわらず、同年末には伊予国喜多郡不動穀三〇〇〇余石が奪い去られ、翌九三五（承平五）年正月には「頃年の間、海賊追捕に従わず」、六月にも「海賊いまだ平伏せず」という状況は続き、同月には海賊平伏祈願のため臨時奉幣使が派遣された。承平年間（九三一〜九三八）、坂東では将門と叔父たちの対立が深まり、九三五年には私闘が始まったが、政府にとってはたいした問題ではなかった。瀬戸内の南海賊のほうがはるかに深刻な政治課題だったのである。

　上記から承平南海賊の特徴は、瀬戸内海全域を舞台に六年もの長期にわたって頑強に活動していること、とりわけ伊予・阿波・備前の被害が甚大だったこ

▼**警固使**　坂東諸国の押領使に相当する一国海賊追捕機関・軍事指揮官。承平南海賊・天慶純友の乱に配置されたが、乱平定後、停止。その後再置されることはなく、山陽南海道諸国には諸国追捕使が常置される。

▼**神泉苑**　宮城の南にあった天皇遊覧用の庭園。宴会・舟遊び・釣魚・捕鳥・観射・競馬・賦詩・七月の相撲・九月九日の菊花宴、祈雨の修法などが行われた。

▼**弩**　八世紀律令軍制の大型兵器。脚付きボウガン。九世紀の新羅海賊対策では沿海諸国の要害に実戦配備された。純友の乱ではみえない。

▼**不動穀**　非常用（戦時兵粮など）として備蓄された租。軍団兵士制廃絶後の九世紀には開用され、まず国衙財源に、ついで中央官人給与、貢納物調達財源に充用されるようになった。

とである。しかし海賊の実態・目標はこれらの記事からはわからない。通説の「海運業者」集団による海運権独占をうかがわせる証拠はどこにもない。

　政府の対策は、追捕海賊使派遣、国別警固使配置、諸社奉幣使派遣であった。九三五年末までの追捕海賊使で個人名がわかるのは九三四年七月に派遣された「兵庫允在原相安」という六位クラスの下級武官一人だけであり、ほかの追捕海賊使も国別警固使も同程度の下級官人であろう。追捕海賊使が率いた兵力がわかるのは、在原相安の率いた「諸家兵士」「武蔵兵士」だけである。この文言から「諸家兵士制」や「諸国兵士制」という軍制の存在を想像してはいけない。前者は、政府が王臣家に命じて家司・家人を、後者は在京武蔵国出身下級官人を動員したもので、大索（京内群盗一斉捜索）の動員方式と似たものである。

　長期にわたって活動した南海賊は、一人の英雄的指導者のもとに結集した集団ではなかった。九三六年六月に「魁帥小野氏彦・紀秋茂・津時成らあわせて三十余人、手を束ねて交名▲を進め帰降」したのであり、彼ら三〇余人をそれぞれ首領とする集団が乱立し、各個に活動していたのであった。この特徴は、承平南海賊の正体と関係している。

▼**交名**　儀式・歌会・宿番・合戦などに大勢の人びとを召集する場合、召集する人名を書き連ねた文書。ここでは投降した魁帥たちの名簿。

「南海国々海賊いまだ追捕に従わず、遍満す」といわれた九三三年十二月に、政府は、全国を対象に国内居住衛府舎人の暴力行為を「強盗」に準じて追捕する権限を受領にあたえている。承平南海賊は、全国的に問題視されていた衛府舎人の濫行の、瀬戸内海地域での現象形態だったのだ。政府は海賊の正体が、国内居住衛府舎人集団であることを突き止めていたのである。

九世紀末まで在京勤務をせず、免税特権を根拠に国司の課税を拒否してきた国内居住衛府舎人（実態は富豪層）に対して、国制改革の一環として九〇一（延喜元）年に受領の課税権を認め、九〇九（同九）年、大規模な解雇を強行し、九一四（同十四）年には受領に解雇権を付与するなど、反抗する衛府舎人に対する圧迫が強化されていった。とくに衛府が大粮米▲の取得権を有する瀬戸内海諸国在住の衛府舎人にとって解雇・特権剝奪のダメージは大きく、彼らは解雇を受け入れず、大粮米取得権を主張して諸国の官米運京船や稲穀貯蔵庫を襲った。承平南海賊の実態は、既得権にしがみつく瀬戸内海諸国居住衛府舎人の反受領闘争だったのである。三〇余グループ、二五〇〇余人だったというのも、衛府舎人の組織が海賊活動の単位だったからであろう。彼らは国制改革で課税対象に

▼**大粮米**　中央官司所属の下級職員に支給される食料。本来は庸米でまかなわれたが、九世紀末には沿海諸国に割りあてられていた。諸衛府と諸国受領との大粮米をめぐるトラブルは以後も頻発する。

された時点では暴力的闘争に立ち上がらなかったが、じわじわと追い詰められた九三一年頃になって大粮米取得権を口実に海賊活動を活発化させたのである。承平南海賊は、国制改革による特権剝奪に対する抵抗運動という点で、タイムラグはあるものの、第①章で述べた坂東諸国の僦馬の党の蜂起＝延喜東国の乱と同一性格の武装蜂起だったのである。

承平南海賊平定の最高殊勲者

九三二(承平二)年に伊予掾となって赴任した純友は、受領元名のもとで四年間にわたって海賊平定活動に実績をあげ、一定の評価をえたにちがいない。あるいは純友は、九三三(承平三)年十二月に配置された「国々警固使」のうち、伊予国警固使だったかもしれない。他面、平定活動のなかで海賊勢力との交渉を通じて交流を深めた純友は、海賊勢力のあいだで信頼にたる人物として評判を高めていったのではないか。

しかし受領元名が任期満了を迎えた九三五(承平五)年十二月に同じく任務を終えた「前掾」純友は京に帰り、叙位・除目に期待をかけつつ無為の日々を送っていた。元名は九三六(承平六)年五月、大和国受領に遷任した。純友の働きによる海賊対策も評価されてのことだろう。

九三六年三月、政府は最終的に海賊問題に決着をつける決意を固めた。海賊鎮静のため、五日と十二日、朝敵調伏の秘密修法「大元帥法」を修させた。政府の海賊平定への断固たる決意表明であった。同じ頃忠平は、帰京してまもない前掾純友に「海賊追捕宣旨」をあたえた。私は伊予国警固使への再任用だと考えている。なかなか平定できない海賊に業を煮やした忠平・政府が、在任中の実績を買って改めて純友を警固使に起用したのである。失業の身の純友にチャンスがめぐってきた。

重明親王▲は日記『吏部王記▲』承平六年三月是日条に、「この日、伊予前掾純共(友)、党を聚め伊与に向かうも、河尻▲の椋内に留連す▲」と書く。重明は純友派遣に関与する立場ではない。この日、兵力を率いておそらく未明に京を発った純友が、摂津国河尻港に入ったまま動かない、という情報がその日のうちに重明のもとに届いたのである。重明は純友が出港しないことに不安を感じたようだが、それは杞憂であった。純友は港内で準備をととのえ、その日か翌日に伊予に向か

▼**重明親王**　九〇六〜九五四。醍醐天皇第四皇子。儀式・政務・政治情勢に関心が深く、和歌・管絃にもひいでていた。

▼**『吏部王記』**　重明親王の日記。極官の式部卿の唐名吏部尚書にちなむ。逸文のみ現存。儀式などを詳細に記述。

▼**河尻**　淀川支流神崎川河口の港。京と西国とを結ぶ瀬戸内海航路の発着点。遊女の集う歓楽地。

▼**椋内と留連**　「椋内」は防波堤で囲まれた港のなか、「留連」は目的地に向かわずにぐずぐずしているの意である。「内を掠め」と訓み、純友がこの時期海賊活動をしていた証拠とする説があるが、史料の誤読である。「留連」の字句は重明のやきもきした気持ちを表出している。

ったのであった。私は重明が「留連」の二字にこめた思いのなかに、重明と純友の深い関係を読みとりたい。純友は重明の家人だったのだ。

純友が伊予に入って二カ月余りたった五月二十六日、文人貴族の従五位上(じゅごいじょう)右衛門権佐(うえもんごんのすけ)（検非違使佐(けびいしのすけ)）紀淑人が伊予守兼追捕南海道使に任じられた。▲それまでの六位クラスの追捕海賊使とは桁違いに高位の貴族である。伊予国警固使純友は淑人の指揮下に入った。淑人が入国してひと月もたたない六月、六年間も頑強に抵抗してきた海賊が、なんといっせいに淑人に投降してきたのである。海賊平定を政府に報告する淑人作成の「国解」は、その数、三〇余グループ二五〇〇人、淑人の「寛仁」なる人柄を聞き知ったからだとする。

淑人が自身の功績を強調する「国解」の内容はそのままでは信じがたい。検非違使佐であるとはいえ、老境の文人貴族が着任後わずか一カ月たらずで、あれほど長期間抵抗してきた海賊集団を、その人柄に心服させて鎮静することができるだろうか。だが淑人より三カ月近く前に伊予に入っていた純友の平定活動をあいだに挟めば、にわかに現実性が増してくる。純友は着任後、武力鎮圧で臨んだのではなく、海賊勢力（衛府舎人）に対して「これから来る淑人は寛容な人

▼紀淑人の伊予守兼追捕南海道使補任　この時補任されたのは伊予守だけで、承平四（九三四）年か五（九三五）年にすでに追捕南海道使に補任されており、伊予守は海賊平定の恩賞という説があるが、史料解釈がまちがっている。

だ。降服すれば罪は問わない。経営保障はする」と説得工作をしていたのだ。こうして六年間にわたって瀬戸内海に猛威をふるった海賊集団は、旧知の純友を信頼して、淑人着任後まもなくいっせいに投降したのである。このあたりにも純友の魅力ある人柄がしのばれる。伊予国内での純友人気は高まる。純友は承平南海賊の首領どころか、逆に承平南海賊平定の実質的な最高殊勲者だったのである。かつての通説は、完全に否定されなければならない。

追捕南海道使淑人が現職の検非違使佐(検非違使庁の実務トップ)であったことは重視しなければならない。将門謀反の実否調査の推問密告使長官　源　俊も検非違使佐で部下に明法家がいたが(第③章)、淑人の部下にも明法家がいただろう。追捕南海道使は検非違使庁出張機関として大量の投降者の取調べを行う。審理・免責の手続きまで含めれば、承平南海賊の平定は最高指揮官淑人の功績になる。いつの時代も同じ、黒衣はあくまで黒衣である。純友は黒衣であった。

だからこの海賊平定の恩賞としては、紀淑人が従四位下に加階されただけで、純友をはじめ「汗をかいた」人びとが提出した勲功申請は、政府によって握りつぶされた。純友らの期待は大きく裏切られた。純友は政府・忠平に対する不信感を強めていく。三年半後の純友蜂起の遠因はここにあった。ともに汗をかき勲功申請を黙殺された人びとに、三年半後に反逆する備前の藤原文元、播磨の三善文公、讃岐の藤原三辰らがいた。彼らを「承平勲功者」と呼んでおく。西国における武士第一号である。

承平南海賊平定後の純友と淑人

承平南海賊平定後、追捕海賊使の任を解かれた紀淑人は、伊予守＝受領として任国統治にあたる。伊予国警固使を停止された純友も伊予にとどまる。淑人は純友の手腕を高く評価し、任国統治に協力を求めたであろう。実質的な淑人郎等になったのである。純友は、彼の武芸や操船の技量を買われて、国衙行政に関与し、治安維持担当の「検非違所」、船舶管理の「船所」、海運管理の「勝載所」の目代などをつとめたのではなかろうか。国使として検田・収納に派遣されることも、また伊予国府津と受領京庫のあいだを往還することもあっただろう。請作公田を経営する「負名」でもあったはずだ。

純友と淑人の良好な関係を強調すると、手柄を横取りした淑人を純友は怨みこそすれ、信頼するはずはないという声が聞こえてくる。しかし南海賊平定の最高司令官は従五位上の淑人で、六位の純友は彼の部下であった。また淑人が純友の手柄を握りつぶしたわけではなかった。純友らの勲功申請は政府に届いていた。黙殺したのは忠平であり政府である。淑人は純友に多少の後ろめたさはあったであろうが、郎等として国内支配に重用することでむくいた。投降海賊を含む伊予国の負名層らのあいだで人気の高い純友を重用すれば、国内統治をスムーズに進めることができる。純友も、淑人の信頼に応え、淑人に協力した。九三九(天慶二)年十二月までの三年半、この関係は続き、伊予国は平穏におさまっていた。

⑤——天慶の乱の勃発——九三九年冬

将門蜂起——常陸国庁占拠・受領拉致

九三九(天慶二)年冬、将門謀反の実否調査に向かうはずの推問使長官右衛門権佐源俊は、発兵権を認められないことを理由に、十一月になってもなお進発をためらっていた。将門謀反密告問題はうやむやになりかけていた。

ところが坂東であらたな火種が発生した。『将門記』によれば、常陸国の「乱人」藤原玄明は、受領藤原維幾▲から「春には国衙から広大な面積の公田の満作を請け負いながら租税はまったく弁済しない」と糾弾されるような、大規模な負名経営を行っていた。玄明ら負名にいわせれば、維幾子息の為憲らが「受領の権力をふりかざして無茶な要求を突きつけてくる」ということになる。九三九年冬の収納期、常陸国では受領維幾と玄明ら国内負名層との緊張が高まっていた。この緊張関係はどの国でも同じであり、きっかけさえあればいつでも反受領武装闘争=「凶党」蜂起として炸裂する。

高望の女を妻とする維幾は将門・貞盛にとって義理の叔父であり、維幾子息

▼**藤原維幾**　生没年未詳。南家乙麻呂流。上総介清夏の子。武蔵守をへて、将門の乱の際には常陸介。将門と戦った子息為憲は木工助を歴して工藤大夫と称し、工藤・伊東・二階堂ら駿河・伊豆・相模の武士団の祖となった。

の為憲は従兄弟であった。維幾は将門召進官符をもって帰国した貞盛の肩をもって保護するとともに、将門に召喚に応じるよう再三通告していた。将門は、良兼「追捕官符」に基づく追跡を逃れて政府に讒言した貞盛を憎み、貞盛の肩をもつ叔父維幾に不信の念をつのらせていた。

九三九年冬、維幾は玄明に未進官物の弁済と国府への出頭を命じる「移牒」▲を送った。これを拒絶した玄明に対し、維幾は数々の犯過をあげ、六月に出された「群盗追捕官符」に基づいて玄明を追捕しようとした。それを知った玄明は妻子をつれ、行方・河内郡の不動穀を奪い、将門を頼って逃走した。維幾は、下総国衙と将門に何度も玄明引渡しを求める「移牒」を送ったが、両者ともに逃走したと返事をするだけだった。将門は玄明をかくまった。すでに興世王もかくまっていた。将門に同調した下総国衙にとって、将門はいまだ良兼「追捕官符」によって坂東平和維持活動をまかされた人物だった。

玄明は将門に、維幾への復讐に合力するよう頼んだ。貞盛の肩をもつ維幾を苦々しく思っていた将門は玄明に同情し、十一月二十一日、軍勢を率いて常陸国庁にいたった。門前に立った将門は、玄明の常陸国内居住を認めること、玄

▼**移牒**　律令制の公文書様式では「移」は直属関係にない官司間で取り交わす文書、「牒」は官司から官司でないところに出す文書だが、ここでは国衙(受領)から国衙・個人への通知文書。

明を追捕しないこと、の二つを維幾に要求した。常陸国庁にかくまわれている貞盛は、将門からみれば良兼「追捕官符」の追捕対象の犯人であった。国庁攻囲は、将門としては坂東平和維持活動の一環だったのである。

将門は維幾が和解を求めてくることを期待したが、戦闘態勢を整え待ち構えていた為憲と貞盛は、問答無用と合戦を挑んできた。将門はなんなく蹴散らし、彼らは逃走した。国庁を占拠した将門は、受領権力のシンボルである印鎰▲を奪い、捕えた維幾を跪かせ、息男為憲に対する指導不行届によって兵乱になったという謝罪文を書かせた。だが勝利に昂ぶる将門配下の軍勢は、国庁に蓄積された財物を略奪し、舎宅を焼き払い、妻女たちをはずかしめた。二十九日、将門は下総国豊田郡鎌輪宿に維幾らを拉致して帰陣した。

将門、坂東占領

将門としては常陸介維幾・為憲父子の暴逆をこらしめる平和維持活動のはずであったが、想定を越えた事態をどう収拾するか、途方に暮れたにちがいない。『将門記』によれば、その時興世王が一国を虜掠＝占領しただけでも大罪だ、

▼印鎰　国符・国解など国司が発給する公文書に押印する国印と、国衙正倉を開閉するカギ。国司(受領)権力を表示するアイテム。

鎌輪宿跡の碑（茨城県下妻市）

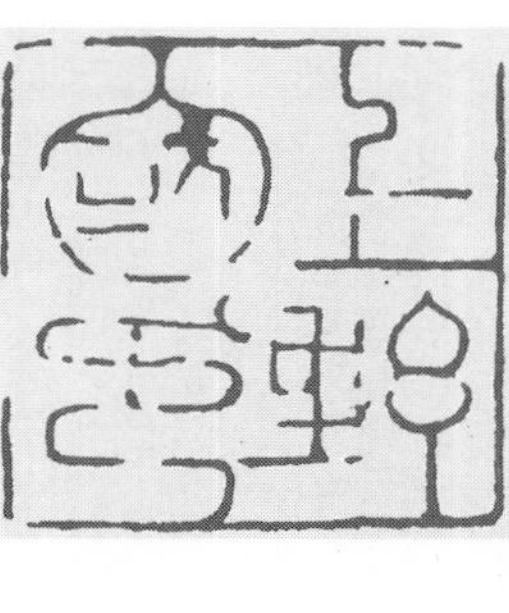

「上野国印」（九二八〈延長六〉年）印面の実寸は約六センチ四方。

▼**「気色を聞かん」**　『将門記』所引忠平宛て将門書状では「朝議を候(うかが)うの間、且(しばら)く坂東諸国を虜掠し了(おわ)ぬ」、『略記』天慶二（九三九）年十一月二十九日条では「坂東を虜掠して且く僉議(せんぎ)を待たん」とある。

いっそのこと坂東全域を虜掠して政府の出方をみよう、と将門に進言し、それに答えて将門は、自分は桓武(かんむ)天皇五代の孫だ、八カ国を虜掠したあと京も虜掠してしまおうか、と豪語したという。平素、放言して憚らなかった夢物語が、今、現実になろうとしていることに、将門自身、身震いしたことであろう。ここで興世王の進言の「坂東を虜掠して暫く気色(けしき)を聞かん」▲に着目したい。将門と興世王は暫定的に坂東諸国を占領して、政府の反応をみながら交渉を進めようとしていたのである。政府記録によれば、十二月二日、常陸国から将門・興世王が官私雑物などを損害したという解文(げぶみ)が到来した。しかし政府はすぐには動かなかった。また私闘か反受領闘争が始まったくらいに受け止めていた。

本拠鎌輪宿で将門・興世王らは、対政府交渉の持久戦のため、坂東八カ国の印鎰を奪い、受領を京に追い上げて坂東諸国を占拠し、敵対勢力を一掃して域内人民を直接掌握するという戦略を立てた。十二月十一日、まず下野(しもつけ)国庁に進軍すると、受領は跪いて将門に印鎰をささげた。十五日には上野(こうずけ)国府で印鎰を取り上げ、両国受領を京へ送還するべく信濃(しなの)国庁まで護送し、碓氷(うすい)峠を閉ざして政府軍に備えた。将門はこの時、反乱せざるをえない胸のうちを十五日付忠平宛て書状で切々と訴えた。「公家(政府)は、(私の平和維持活動を評価して)褒賞してくれるものとばかり思っていましたが、かえってしばしば譴責するとの命を受けたことは、(天下無双の武士として)恥辱であり、私の面目(名誉)は深く傷つけられました。どうか私のこの気持ちを察してください」と。将門にとって「面目」とは坂東の平和への貢献にふさわしい「褒賞」を天皇(摂政忠平)から賜ることだった。それが踏みにじられた時、将門は立ち上がったのである。

十九日、上野国庁で将門の「新皇」即位式が挙行された。八幡大菩薩▲の使と称する巫女があらわれ、菅原道真作の位記▲によってみずからの位を将門に授ける、と神託を告げた。将門が位記を押し戴いて再拝すると軍勢は鬨の声を上げ、いっせいに将門を伏し拝した。興世王が「新皇」の諡号を奉呈すると、将門は軍勢を前に「武芸は国家の支え、勲功は立身の糧である。我は武名を坂東・京畿に轟かせた。現代は実力ある者が上に立つ時代だ。海外では近年、耶律阿保機▲が渤海国を滅ぼし契丹国を建てたという。坂東八カ国を占領したからには、政府軍が攻めよせてきても、足柄・碓氷二関を固めて粉砕しよう」と演説した。

『将門記』のいう「新皇」号の奉呈が事実であったとしても、八幡大菩薩の神階

▼八幡大菩薩　八幡宮の祭神の仏教的称号。応神天皇を主座とし、左右に比売神、応神の母神功皇后を配して三座で一体とする。のちに源氏の氏神となる軍神。

▼位記　律令制で官人に位階(三〇階)を授ける公文書。親王には品階(五階)を授ける。諸神(神社ではない)にも授けられるが(神階)、八幡神には七四九(天平感宝元)年に品階の最高位の一品が授けられた。

▼耶律阿保機　八七二〜九二六。在位九一六〜九二六。中国北部の遼の建国者。唐末に契丹諸部族を統合して皇帝となる。九二六年に渤海を滅ぼし、中国東北部、モンゴル高原に支配権を確立した。

坂東八カ国の受領を任命する将門
(『俵藤太絵巻』より)

は一品であり、その位記が授けられたのであるから、将門＝「新皇」は軍神八幡神の化身ではあっても、天皇位の僭称(偽天皇)ではない。「新皇」即位は、軍神たる八幡神と、天皇・宮廷を恐怖に戦慄させる怨霊道真によって、将門に坂東虜掠の正当性が賦与される儀式であった。それは坂東八カ国の延喜勲功者子孫・在庁官人・負名らを将門の膝下に結集し、臣従を誓わせるうえで欠かせない儀式であった。彼らの多くは天下無双の武士たる将門に心服していたが、良兼「追捕官符」が失効した今、この臣従関係をより強固にし、坂東虜掠を「正義」と確信させるためには、あらたな権威付けが必要だったのである。

ついで将門は兄弟・幹部を坂東八カ国の受領に任じた。本物の受領は追放されるか逃走していた。上総介興世王、下野守平将頼、上野守(介カ)多治経明、常陸介藤原玄茂▲、安房守文屋好立、相模守平将文、伊豆守平将武、下総守平将為。受領の地位は延喜勲功者子孫たちの夢であった。印鎰奪取・受領追放は、受領支配に不満をいだく坂東諸国在庁官人・負名層の歓迎するところであった。将門の坂東虜掠は、同時に諸国負名の反受領闘争＝「凶党」蜂起の拡大版だったのである。それが将門「新皇」即位によって正当化される。ところで親王任国▲

▼藤原玄茂と玄明　「玄」の通字から兄弟とも考えられるが、『将門記』で玄明は常陸国庁事件後、敗死するまで登場しない。玄茂は上野国庁での即位式・受領補任から興世王につぐ腹心として登場する。私は両者は同一人物と考える。

▼親王任国　親王が国守となる常陸・上総・上野の三国。俸禄を取得するだけで赴任しない。この三国では「介」が受領である。

上総・常陸・上野の受領が従前どおりの「介」であることに注目したい。それは将門が太守＝親王の給与を保障するつもりだったことを示す。将門は八カ国の政府貢納物や権門寺社への封物も保障するつもりだったのではないか。

坂東八カ国占領は、政府との和平交渉を有利に進めるためであった。将門の政治目的（講和条件）は、自身の坂東平和維持活動を勲功として承認させ恩賞として貴族の地位を獲得することであった。摂政忠平に突きつけた将門の要求は最低限、(1)将門らの罪を問わない、(2)将門の坂東平和維持の功績を認め将門以下に勲功賞として任官・叙位する、(3)将門に貞盛・為憲らの追討を命じる、(4)要求実現まで坂東占領を続ける、という内容だっただろう。こうして将門は政府の反応（「気色」）を待ったのである。すなわち将門は坂東占領をこれまでの平和維持活動の延長と位置づけ、要求が受け入れられれば占領を解除するつもりだったのである。十二月下旬、将門は坂東巡検途上の相模国から政府に新皇即位と和平提案を奏した。奏状は、将門と政府との講和交渉の始まりのはずだった。将門は、夢のような「坂東独立王国」をめざしたわけではなかった。

将門は武蔵・相模以下坂東諸国を巡検して印鎰を回収し、各国で国庁に在庁官人らを集めて国務に精励するよう訓戒した。印鎰を確保し国衙帳簿類を押さえ在庁官人を臣従させ国衙行政・徴税機構を掌握したことで、長期占領と軍勢・兵粮・馬匹の徴発が可能になる。敵対勢力の経営は将門の従属下に入った国衙によって没収される。春の新規請作契約の際、没収された公田・私領は、将門配下の在庁・負名に分配され、彼らの経営に合体される。年が明けて将門の軍勢がさきを争うように本拠に帰ったのは、そのためであった。

将門は坂東域内のすべての勢力を掌握していたわけではなかった。将門に敵対する貞盛・公雅・為憲ら、傍観してきた叔父良文・延喜勲功者藤原秀郷らである。将門が急速に没落する要因の一つは、坂東域内の敵対勢力を打倒しきれず、傍観勢力を放置したことにあった。

純友蜂起——摂津国須岐駅事件

九三九(天慶二)年十二月二十六日寅刻(午前四時頃)、摂津国須岐駅▲で事件は起こった。『純友追討記』▲(以下『追討記』)の事件の記述は詳しい。備前介(受領)藤原子高▲が妻子をつれて京へ向かっていた。純友は、彼を殺害しようと郎等の藤

▼**須岐駅**　山陽道など幹線道路の一六キロごとに駅と駅馬をおいた令制駅制で、摂津国におかれた駅の一つ。芦屋駅の別称。芦屋市津知遺跡と神戸市東灘区深江北町遺跡が須岐駅跡。七二ページ写真参照。

▼**『純友追討記』**　純友の乱を描いた約八〇〇字の軍記物。独立した伝本はなく、『略記』天慶三(九四〇)年十一月二十一日条に引用。記事の大半に日付がない。

▼**藤原子高**　生没年未詳。南家真作系、中納言諸葛の孫。越後など諸国受領を歴任。須岐駅事件ののち二〇年以上存命して応和初年、讃岐介在任中に死去。『今昔』に越後の寺院で法華経読誦を聴聞した猿の生まれかわりとの説話がある。深い傷跡が人びとに猿を連想させ、また純友・文元の怨霊が子高を法華経信仰に導いたか。

原文元▲に跡を追わせた。文元は須岐駅で子高一行に追いつき、両者のあいだで合戦が起こる。

寅刻、純友郎等ら矢を放つこと雨の如し。遂に子高を獲え、すなわち耳を截り鼻を割き、妻を奪い将い去るなり。子息ら賊のために殺され畢ぬ。

この描写は時刻記載といい生々しさといい、子高従者の口述調書（事発日記▲）に基づくと考えられ、かえって信憑性は高い。事件はその日のうちに馬を馳せて入京した子高従者によって政府に報じられ、摂政忠平はただちに諸卿を自邸に招集して対策会議を開いた。将門の常陸国虜掠は二十二日に飛駅使によって報ぜられていたが、忠平はさほど重大視せず、まだ対策会議にかけていない。須岐駅事件が忠平・諸卿、また政府にとっていかに衝撃的であったかがわかる。

伊予の純友がなぜ備前受領子高を襲ったのか。純友は何をめざしたのか。純友郎等という藤原文元とは何者なのか。文元の残虐なリンチは何を語るのか。

事件の一〇日前の十二月十七日、伊予守紀淑人の解状が政府に届いた。「前掾純友は、去る九三六（承平六）年に海賊追捕宣旨をこうむった男である。しかるに近来、驚くことに、その純友が随兵を率い巨海▲に出ようとしている。国

▼**藤原文元**　?～九四一。『尊卑分脈』の南家継縄四代孫「近真」（八七九〈元慶三〉年に五位）の息「文元」なら世代的にあう。「信乃守」の傍書は「掾」の誤りか。

▼**事発日記**　検断（刑事事件の検察・裁判）手続きに不可欠の、犯罪発生月日・時刻、被害場所、被害状況、被害者、被害財物などを記載した調書。被害者が作成し捜査機関に提出する。

▼**巨海**　純友の東シナ海進出の証拠とみる説があるが、瀬戸内海を「巨海」と形容する史料は複数ある。

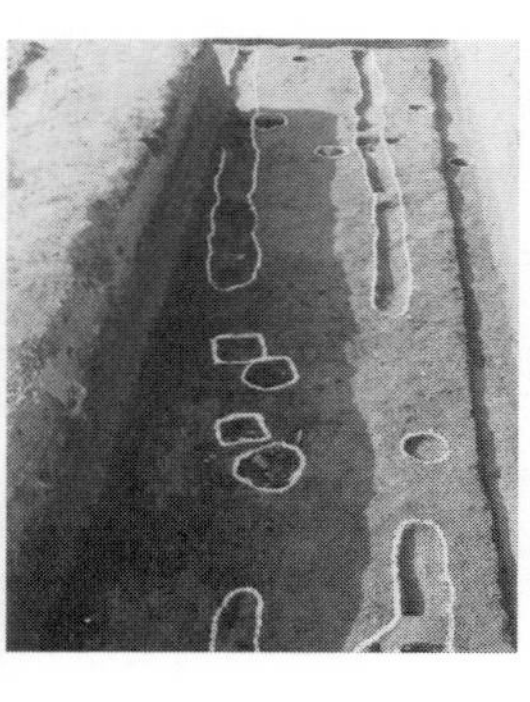

津知遺跡道路状遺構出土状況(兵庫県芦屋市)**と複弁十九葉蓮華文軒丸瓦・円面硯・土器類**(深江北町遺跡出土)

内は騒然となり、人民は驚きあわてている。純友は、淑人の制止を聞かずに出撃してしまった。政府にはすみやかに純友を召喚し、伊予国内の騒ぎを鎮めてほしい」。

淑人解状は第一に、純友は伊予国の国内問題によってではなく、伊予国以外の他国の問題に介入するために、武装出撃したという。その問題は何なのか。

第二に、純友の武装出国は、伊予国人民(負名層)にとっても、また淑人にとっても、寝耳に水の事態であり、純友の出撃が国内人民のあいだにパニックを巻き起こしたという。純友が伊予国人民に害をなしたから驚き騒いでいるのではない。自分たちに何も告げず突然武装出撃することを知って驚き、純友に追従すべきかどうか騒いでいるのだ。淑人の、純友を召喚したら伊予国人民の騒ぎはおさまるという提言も、伊予国人民が続々と純友のもとに馳せ参じることを懸念したものである。純友は伊予国内で絶大な人気を誇るヒーローだったのである。

第三に、短い文言ながら、自重を求めて説得する淑人の温情、制止を振り切る純友のつらい決意、対面して語りあう二人の「心の内側」が伝わってくる。純

燧灘に臨む伊予国府前の唐子浜(からこはま)(愛媛県今治(いまばり)市)

友は淑人に出撃目的を打ち明けたのだ。純友出撃後の淑人の対応にも温情が感じられる。淑人は政府法廷に召喚する「召進官符」を出すよう政府に要請した。殺害を認める「追捕官符」の要請を選択することも可能だったはずだ。淑人は純友を反逆者にしたくなかった。事件を起こす前に政府に出頭させたかったのである。将門が出頭したように。純友蜂起後も淑人は、九四〇(天慶三)年八月までは純友をかばい続ける。

それでは純友に武装出撃を決断させた問題とは何だったのか。それは、淑人の要請に応えた政府の「召進官符」が十二月二十一日に、摂津国と播磨(はりま)・備前・備中(びっちゅう)・備後(びんご)など山陽道(さんようどう)東部沿岸諸国を中心に発出されたことから浮かび上がってくる。安芸(あき)国以西は対象外なのだ。淑人は、純友が何を企み、どこをめざしているか、解状のなかで政府に伝えたのである。その情報を受けて政府は、純友が出没する可能性のある諸国に「召進官符」を発出して網を張った。純友が出撃を決意した政治問題は、瀬戸内海東部沿岸諸国で発生していたのである。

そこで九三九年夏までさかのぼって問題をとらえてみよう。この年の夏は深刻な旱魃(かんばつ)であった。五月、九三五(承平五)年六月の「南海賊」の「例」をもとに

「西国群賊悖乱」平定祈願のため諸社奉幣使が派遣され、六月にも「山陽西海等府国」に仏神祈願と警固を命じる官符が出され、七月には「西国兵乱旱炎」により相撲の音楽が停止された。これらの対策は東国とセットで行われ、特定人物を指名していないのも東国と同じであるが、山陽道東部諸国でも坂東諸国同様、受領と負名層との緊張が高まっていたのである。ただ伊予国を含む南海道は対象となっていない。淑人と純友の信頼関係、負名層の純友への心服に支えられて、伊予国は比較的平穏だったのである。

閏七月、臨時除目で反受領闘争抑圧の特命を帯びて備前介藤原子高が任命された。瀬戸内諸国では秋から冬にかけての検田・収納において、国衙と負名とのあいだで、旱魃の打撃による減収分の免除をめぐって緊張はさらに高まり、一触即発の状況になっていた。備前国では承平勲功者藤原文元が反受領闘争の先頭に立っていたが、子高の苛烈な弾圧に追い詰められていた。坂東における武蔵国の武蔵武芝、常陸国の藤原玄明のように。播磨国でも三善文公▲が備前の文元に呼応して立ち上がっていた。九月になってはじめて政府は、「南海濫行」のことを祈禱させ、同月、全国に「制兵官符」を発出して各地で懸念される

▼**三善文公**　?～九四一。大宰府合戦後、文元と逃避行を共にし、播磨石窟山合戦で殺害された。もともと播磨の反受領闘争の指導者で、文元とともに須岐駅事件を起こし、播磨介嶋田惟幹を襲撃・拉致したと推定される。

武力衝突の抑止をはかった。前者は南海道諸国でも反受領闘争が起こっていたことを示すが、「濫行」の主体は伊予の純友ではなく、後述する讃岐国の藤原三辰であった。

十二月上旬、備前の文元は伊予の純友に窮状を訴え、支援を求めた。純友は、ともに海賊平定に活動した盟友を受領が弾圧していることに激怒し、救援を決意した。こうして純友は突如武装出撃したのである。将門の行動に似ている。承平南海賊平定の盟友たちの純友への信頼がいかに大きかったかがうかがわれる。純友は淑人にこの出国事情を打ち明けていた。だから淑人は政府に純友召進官符を備前国を含む瀬戸内東部北岸諸国に出すよう求めたのである。

十二月十七日、伊予国解状を受け取った忠平・政府は、十九日、公卿議定で対応を協議し、淑人の要請どおり純友召進官符を二十一日に発出した。その一方で二十五日、法琳寺で「南海凶賊消伏」のため大元帥法を修させた。純友が過激な行動に走らないことを念じてであろう。しかしその願いは通じなかった。純友が召進官符を二十三日頃に受け取った備前介子高は、純友の動きを知って狼狽し、あわてて妻子をつれて備前国府を脱出、陸路、京をめざした。純友の武名は諸国に鳴り響いており、「純友動く」の報に子高は震え上がったのだ。子高は、経基が将門を密告したように、京の放火多発の「風聞」を純友になすりつけ、純友謀反を告発しようとした。純友に支援されて子高を追撃した文元は、二十六日、摂津須岐駅で子高に追いつき、凄惨なリンチを加えて息子を殺し、妻を奪い、拉致した。苛烈な弾圧への憎悪に満ちた復讐であった。ともに京都をめざした播磨介(受領)嶋田惟幹も拉致された。こうして純友の乱の幕は切って落とされたのである。

その日のうちに、純友の要求を託された子高従者が忠平邸に駆け込んで、事件の詳細を告げた。要求は、(1)子高・惟幹襲撃は彼らの悪政に対する鉄槌であり、文元らの所業は免責すること、(2)三年半前に提出した海賊平定勲功申請に応え、純友を五位に叙し、文元らを任官すること、(3)政府が要求を受諾すれば拉致した子高・惟幹をつれて上洛し、叙位・任官の慶賀を奏する、などであっただろう。その後の展開は、「純友の要求」を想定しなければ理解しがたい。純友は、盟友文元支援・子高襲撃の彼方に、勲功賞＝五位叙爵による貴族社会への復帰という明確な政治目的をもって、立ち上がったのであった。純友は坂東情勢をある程度把握していた。政府は坂東情勢への対応に集中せざるをえなくなるはずだ。要求は勝ちとれる。

政府の初期対応

将門・興世王の常陸国府襲撃を告げる常陸国解が九三九（天慶二）年十二月二日に政府に届き、二十二日、信濃国から将門の東国占領を報じる飛駅使が到来したが、忠平・政府はすぐには対応しようとしていない。忠平ら政府を震撼させたのは、二十六日未明に京の喉元で起こった、純友に支援された文元の子高襲撃・拉致事件だった。忠平はただちに諸卿を自邸に招いて対策会議を開き、事件への対応を協議させた。翌二十七日、信濃国からまた飛駅使が到来したが、それでもまだ忠平は将門問題に対処しようとしていない。二十八日出発予定の推問密告使源俊の実否調査に期待をかけていたのである。

二十九日辰刻（午前八時頃）に信濃国の飛駅奏状が届いた。将門らが上野介（受領）藤原尚範・下野前司大中臣定行・同新司藤原弘雅の館を攻囲し、印鎰を奪取し、身柄を京へ追い上げるべく信濃国に護送してきた、というのである。

政府部内に衝撃が走り、宮廷は騒然となった。忠平はすでに将門の書状と奏状（要求）を受け取っていた。忠平は諸卿を殿上間▲に集め、将門問題・純友問題の対策を協議させた。対策会議は、（1）諸陣（宮門・宮城門）の厳重警備、（2）伊勢・近江・美濃三カ国に固関使▲の派遣、（3）東西要害一五カ所の関々処々へ警固使配置、（4）信濃国に軍兵徴発・国境守備の指示、などを決定し、忠平はただちに勅符・官符で関係諸国へ緊急通達させた。将門対策中心である点が重要である。諸卿は、純友と将門は共謀して東西同時蜂起したのではないかとささやきあったが、両面作戦の困難を察知した忠平らは、将門には要求拒否・全面対決、純友には要求受諾・妥協、という基本方針で臨む。

同夜、忠平以下諸卿は殿上間で宿直した。忠平は夜間に入京した武蔵守百済王貞連を殿上前に呼び、坂東情勢について問いただした。翌大晦日も忠平は宿所に詰めて東西同時蜂起対策について熟考し、文案を練らせている東海東山道諸国宛て「官軍」動員官符に褒賞文言を盛り込むよう念を押した。

忠平は暮れの二十九日から宿所に詰めっぱなしで九四〇（天慶三）年元旦を迎え、非常時ゆえに正月節会（新年祝賀の宴）に朱雀天皇を出御させず衛府佐には

▼**殿上間**　天皇御在所清涼殿の南庇。ここに参入することを勅許された四位・五位官人を殿上人という。公卿・殿上人と連称され天皇に近侍する貴族集団を構成。

▼**固関使**　伊勢国鈴鹿、美濃国不破、越前国愛発（平安遷都後は近江国逢坂）の三関を勅命により閉鎖する使。反乱・天皇譲位・崩御（上皇も）などで派遣される。

▼小野好古　八八四〜九六八。父は葛絃。三跡の道風は弟。歌人。右衛門権佐(検非違使佐)などを歴任し、純友の乱では山陽南海両道追捕使。乱後、左中弁・大宰大弐などをへて参議、従三位。妻も歌人の中将内侍。

弓箭を帯びさせ、音楽を自粛させた。七日節会も同様であった。繰り返される儀式の自粛・簡素化は宮廷貴族の危機意識の共有に効果をあげる。元日は宴会もそこそこに忠平は宿所に左大臣藤原仲平(忠平兄)を呼び、東海東山山陽道追捕使を定めた。東海道使に藤原忠舒、東山道使に小野維幹・山陽道使に小野好古▲、次官・判官・主典らを含めて一五人を補した。

三日、忠平は反乱軍侵攻に備えて宮城一四門に矢倉を構築させ、同日、臨時除目を行い、三年半前の承平南海賊平定の勲功申請者を任官し、後日、征討軍幕僚に補した。そのなかには子高襲撃・拉致の張本、藤原文元がいた。純友が任官されていないのは、彼が要求したのが五位だったからである。六日・七日の恒例叙位は中止され、純友が従五位下に叙されるのは正月三十日になる。純友の目論見はあたった。忠平率いる政府は西国の不満分子を東国平定の武力として活用し、あわせて西国の反受領闘争の芽をつもうとねらったのである。純友の要求とほぼ同時に受け取っていた将門の要求を、忠平は黙殺した。将門は交渉すら拒まれたのであった。

九日、忠平は推問密告使源俊らを解任した。もはや謀反の実否の調査は不要であった。同日、左衛門府に拘禁していた武蔵介経基を釈放し、密告賞として従五位下に叙した。十一日、東海東山道諸国宛て「官軍」動員官符の文案がようやく確定した。「反逆者は必ず天誅で没落する、神明が神兵を出現させてくれる、天下はすべて王土、国内人民はみな公民、『憂国之士』は『官軍』募集に呼応し『田夫野叟』も身命を賭して、この救国の戦いに馳せ参ぜよ」。諸国武士・負名層に蹶起を呼びかける心ゆさぶる檄文であった。「魁帥」(将門)を殺害すれば五位の位と「田地之賞」、「次将」(興世王ら)を殺害すれば勲功に応じて官職・位階をあたえる、と恩賞を約束する。坂東諸国の反将門勢力、傍観勢力はこの檄文に感激し、みずからが「官軍」「神兵」「憂国之士」であることに身震いしながら蹶起する。実は勲功賞に引きよせられて。これが王朝国家の底力である。

十三日には東海東山山陽道追捕使が随兵一〇〇人を率いて内裏に参上し、忠平の閲兵を受けた。東海道使・東山道使はすぐにも出陣しただろう。山陽道使小野好古はやや遅れて十六日に出陣するも、二月四日、忠平によって進撃停止を命じられた。純友と妥協が成立していたからである。

十四日、忠平は臨時除目を行い、藤原秀郷(下野)、平貞盛(常陸)、同公雅

(上総)、橘遠保(相模カ)ら八人を「将門防戦賞」として「坂東国々掾」に任じ、押領使を兼帯させた。前年六月任命の押領使は解任された。こうして将門反乱軍と対決する諸国押領使率いる政府軍の陣容ができあがる。十一日付の蹶起をうながす檄文官符は将門「追討官符」であった。彼らは「追討官符」を高々と掲げて将門と相まみえる。事実、将門は下野押領使秀郷・常陸押領使貞盛との合戦で敗死した。押領使の任命、「追討官符」による動員、勲功賞給与、これが「王朝国家国衙軍制」であり、将門反乱軍は「王朝国家国衙軍制」の発動によって粉砕されたのであった。

十九日、政府は参議藤原忠文を右衛門督・征東大将軍に補し、三日の除目で任官していた藤原遠方・同成康▲を将軍幕僚＝軍監・軍曹に補し、翌二十日、同文元らを軍監に補した。文元は任官・軍監補任を拒絶して備前・備中の占領を続け、遠方・成康は将軍幕僚として東国にくだるも勲功なく、その後、西国に転戦して純友の乱平定に勲功をあげる。承平勲功者たちは、政府の思惑どおり、分断されたのであった。二月八日、紫宸殿で天皇から節刀▲を賜与された大将軍忠文は幕僚・随兵を率いて坂東に向けて進発した。征東大将軍発遣は、将

▼藤原遠方・成康　承平南海賊平定勲功者と思われる。遠方は博多合戦で活躍し、勲功賞として遠方は左兵衛権少尉に、成康は右馬権少允に任官されている。

▼節刀　遣唐使・将軍に仮授される天皇の外交大権・最高軍事指揮権を象徴する刀剣。

門謀反平定が通常の追捕宣旨による凶党追捕よりも高次の、節刀＝天皇最高軍事指揮権の賦与による朝敵征伐＝「戦争」であることを、諸卿・官人、京内外の人びとに知らしめるものであった。京大路を行進する出陣パレードには貴賤僧俗・老若男女がひしめきあい、朝敵将門討つべし、と見物する人びとの気分は高揚・沸騰する。しかし大将軍の出陣は象徴的な演出であって、実質的には一国単位に配置された押領使＝国衙軍制が将門鎮圧軍の中核であった。事実、大将軍一行の到着前の二月十三日に将門は殺され、大将軍が戦場に立つことはなかった。

正月から二月にかけて政府は神仏へのさまざまな祈願を、内裏で諸社・諸寺で、つぎつぎに行わせた。これらの祈願は神頼みしかできない政府や貴族たちの無力さを示すものではない。実質的な鎮圧策と並行して行われる「イデオロギー」的鎮圧策なのである。朝敵調伏への決意と信念と張り詰めた高揚感を、朝野・貴賤・僧俗あげて統合するための象徴的演出である。王朝国家の力(Power)による平定は、神仏の加護によると観念される。

天慶の乱の頃の常陸国

⑥—天慶の乱の展開

将門の最期

政府は将門反乱軍対策をつぎつぎに打ち出し、将門包囲網を着々と形成していった。それに対して将門は、「新皇」即位・八カ国受領任命ののち、正月中旬、常陸国に軍を進めて平貞盛・藤原為憲ら残敵を探索したが発見できず、那珂・久慈両郡の藤原氏(玄明らヵ)の歓迎を受け、いったん配下の軍勢を解散した。彼らは負名であり、春には公田請作契約が更改される。敵対勢力の請作公田や私領は国衙を通じて没収され将門配下に配分されるから、その恩恵にあずからんとわれさきに帰国する。将門のもとに残った兵はわずかだった。将門は坂東八カ国を掌握したものと油断し、貞盛ら反将門勢力や臣従しない藤原秀郷らをみくびっていた。それ以上に政府をみくびっていた。坂東諸国を長期占領していれば、藤原忠平=政府は将門に屈服して講和に応じるはずだ、と。

常陸掾・押領使に補された貞盛は「将門追討官符」が約束する破格の恩賞に勇躍し、同じく下野掾・押領使に任じられてようやく重い腰をあげた秀郷とともに、将門の寡兵を知って機を逃さず将門に戦いを挑んだ。驚いた将門は、二月一日、貞盛・秀郷を討とうと下野に向かうが、配下の軍勢が秀郷勢に撃破されると後退して、下総国豊田郡川口村まで進出した秀郷・貞盛勢を迎え撃ったが敗北した。この合戦について『将門記』は官軍は強く賊軍は弱いと評するが、それは「追討官符」の効果である。

将門軍を破っていったん撤退した秀郷・貞盛勢は、十三日、下総国境に進出し、将門の本拠石井営所をはじめ配下の「宅」を焼き払った。その場を逃れた将門は猿島郡の北山に陣を張り、(『将門記』では翌十四日午後、)ならべた楯を吹きとばすほどの強風のなか、猿島郡の原野で決戦に臨んだ。はじめ将門は風上に立って優勢だったが、風向きが変わると秀郷・貞盛らが順風を利して反撃し、貞盛が馬上の将門を射落とし、秀郷が組み伏せて討ちとった。新皇即位から二カ月にも満たないあっけない死であった。坂東平和維持活動の実績によってその武勇を讃えられ、京人からヒーローとして迎えられ、貴族社会に参入する夢は、はかなく潰えたのであった。

「将門討たる」の第一報は、二十五日、信濃国から政府に届いた。信濃国へは将門叔父の良文(村岡五郎)から上野国をへて伝えられたことが、近年、明らかにされた。このことから良文は秀郷・貞盛とともに将門と戦ったという説が出されている。しかし通報者、必ずしも参戦者ではない。合戦は観客がむらがる迫真のショーでもある。観戦していた良文が通報してもおかしくはない。良文は最後まで傍観者だったのである。それが将門と敵対関係になかった良文の筋の通し方であった。良文は子孫から将門追討の勲功者として記憶されていない。

翌二十六日には陸奥国から将門が陸奥・出羽を襲撃しようとしているとの飛駅奏言が届いたが、将門が敗死する前に発信された誤情報であった。余談だが、将門弟将種が舅陸奥権介伴有梁とともに将門敗死後に蜂起したこと、将門の息男の良門伝説▲や息女の如蔵尼伝説▲の舞台が陸奥国であることとともに、将門と陸奥国との関係の深さをうかがわせる。その関係は父良持の鎮守府将軍時代につちかわれたものであろう。

二十九日には　遠江・駿河・甲斐三カ国から秀郷・貞盛が将門を殺害したとの飛駅奏言が届き、三月五日には秀郷が将門殺害を飛駅使で報告してきた。そして九日の臨時叙位で、「将門追討賞」として下野掾秀郷を従四位下に、常陸掾

▼**良門伝説**　『今昔物語集』では陸奥国府の小松寺の沙弥蔵念を将門の孫、金泥大般若経一部を書写供養した良門の子とする。

▼**如蔵尼伝説**　将門の三女と伝わる。陸奥国恵日寺のかたわらに住み、病死後、地蔵菩薩の信心がむくわれて蘇生し、如蔵尼と呼ばれた、という。一八〇六(文化三)年刊の山東京伝の読本に登場する滝夜叉姫のモデル。

将門の首を運ぶ秀郷の隊列（『俵藤太絵巻』より）

貞盛を従五位上に叙し、即座に位記を作成し、位袍▲をそえて飛駅使によって現地の秀郷・貞盛に届けさせた。恩賞の位記・位袍の授受によって、天皇と「救国の英雄」秀郷・貞盛との特別の恩寵関係・臣従関係が確証される。

将門敗死後、反乱軍幹部の殺害の報がつぎつぎに政府＝忠平のもとに届く。七日には甲斐国飛駅使によって平将武らを殺害したことが報告され、十八日には大将軍解状・上総国解で平公雅によって興世王らが射殺されたことが報告された。四月六日に碓氷・木曽など東国関々の警固使が停止された。坂東八カ国の押領使もやがて停止され、東国での戦時体制は解除される。十五日、征東大将軍藤原忠文が帰洛して節刀を返上した。五月二十一日、政府は「凶賊静謐」を宣言し、三関を開き内裏諸陣の警固を解除した。

四月二十五日、秀郷が将門の首を進上し、その後、将門の首は東市で衆目の前にさらされ、忠平は五月十日になっても回収させず市門外の樹にかけたままにさせた。数カ月前まで、将門は京人にとって天下無双のヒーローであった。その将門が慢心のあまり京を恐怖に震え上がらせる反乱を起こし、あらたな救国のヒーロー秀郷・貞盛の手で殺害された。逆臣は必滅する。忠平はそのよう

▼**位袍**　朝服の束帯で着用する位階相当の色彩（位色）の袍（表衣）。儀式・政務での官人序列を可視化する機能を果たす。四位は深緋、五位は浅緋。

なストーリーを、さらされた将門の首から京人に読みとらせようとしたのである。そして京人は将門の反乱を、いったんはそのように読んだ。だが因果応報の叙事詩『将門記』をもった将門は、やがて遍歴僧らの手で、庶民の同情と共感を誘い彼らの願望を体現する怨霊＝ヒーローとしてよみがえり、現在も神田明神にまつられ、都市伝説となって根強い人気を誇っている。

十一月十六日、瀬戸内海では純友の反乱が続くなか、将門の乱平定の軍功除目が行われた。秀郷が下野守・武蔵守、貞盛が右馬助に任じられたのをはじめ、任官者は「数十人」におよんだ。彼ら天慶勲功者が、延喜勲功者とともに、坂東における武士の始祖である。

将門は自身の武芸を過信していた。しかしそれは甘かった。「追討官符」が約束する勲功賞にむらがる政府軍によって将門はあえなく打ち負かされた。「追討官符」が象徴する国家権力の組織力と暴力性の前に、将門は屈した。将門の夢だった貴族官人の地位を手にしたのは、将門を打ち破った政府軍戦士＝天慶勲功者たちだった。彼ら天慶勲功者とその子孫が将門の屍を乗りこえて中世的武士へと成長していく。

純友、束の間の栄光――五位叙爵

九三九(天慶二)年十二月二十六日の備前介藤原子高襲撃事件ののち、純友・藤原文元はそれぞれ伊予、備前に帰還した。国内負名層から歓呼で迎えられたことであろう。純友は伊予国府で政府の反応を待った。前記のように、政府は純友の目論見どおり、将門鎮圧に全力投入するため要求受諾を決断した。唐突にも三年半も前の「承平南海賊」勲功申請者の除目を行い、こともあろうに備前濫行の張本で子高リンチの下手人文元らを任官したのであった。

『追討記』だけにみえる純友「教喩官符」は、忠平が純友に要求受諾を伝える伊予国宛て官符だっただろう。純友甥明方が使者となった。正月三十日、摂政忠平は純友を従五位下に叙すことを天皇に奏上し、位記を作成させた。二月三日、純友位記使蜷淵有相が伊予国に派遣されたが、入れ違いに明方が帰還し忠平に「伊予解文」と「純友等申文」を手渡した。「純友等申文」は五位叙爵の遅延への抗議であろうし、「伊予解文」は紀淑人の純友弁護の書であろう。純友は伊予国衙におり、国庁・淑人館で淑人と協議していたのである。「純友等申文」が純友以外の者も含まれるなら、在庁官人らの純友弁護の書だろう。純友は伊予受領淑人・在庁官人・負名たちから圧倒的な支持をえていたのである。位記使を発遣し「淑人解文」・「純友等申文」を読んだ忠平は、純友との講和が成立したと判断、四日、播磨辺りで待機していた追捕山陽道使小野好古に進軍停止を指示した。事態は、純友の目論見どおりに展開するかにみえた。

　二月中旬までに、位記使蜷淵有相は伊予国庁に到着し、受領淑人以下、国司・在庁官人らが見守るなか、束帯に身をつつんだ純友は有相からうやうやしく位記を受け取った。念願の五位、夢にみた貴族の仲間入りがかなったのであった。有頂天の純友は、祝宴で淑人・有相らと美酒を酌み交わし、喜びに酔いしれたことであろう。純友は叙位の慶を天皇に奏上▲するために、海路上洛の途に就いた。追捕山陽道使好古が察知した純友の動きが、播磨国解によって忠平のもとに通報されたのは、二月二十二日夜であった。上洛を急ぐ純友は得意の絶頂にあったであろう。この上洛を純友の京都侵攻とみるのが通説だと思うが、五位叙爵に有頂天の純友に、京に攻めのぼる理由などない。

▼**奏慶**　任官・叙位された者が、参内して天皇にお礼を申し上げること。

釜島位置関係図(岡山県倉敷市)

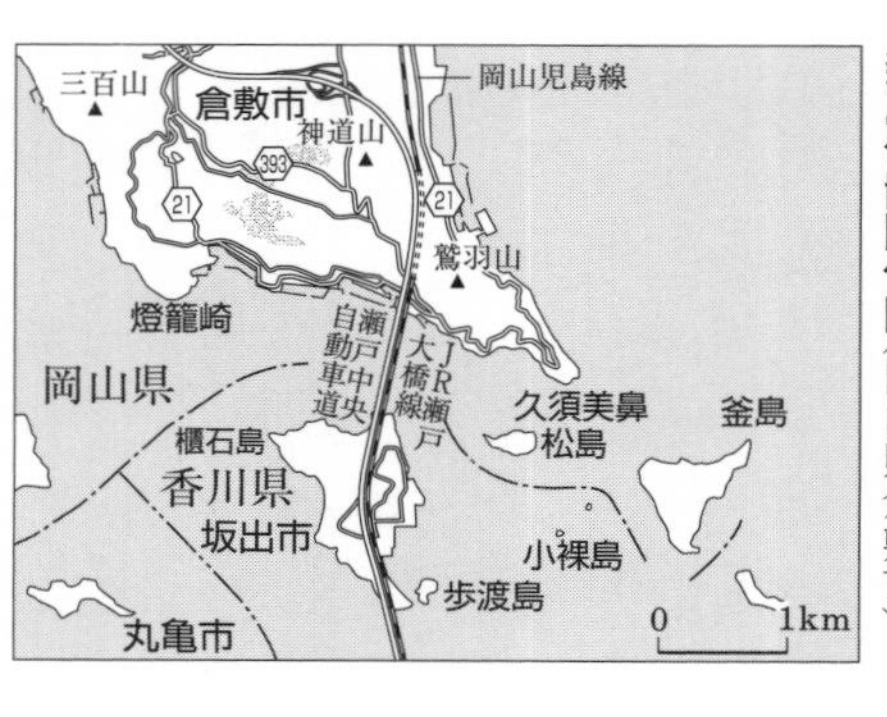

▼『楽音寺縁起絵巻』　広島県三原市楽音寺蔵。安芸国沼田荘の開発領主沼田氏と氏寺楽音寺の由来を物語る。純友追討を命ぜられた先祖藤原倫実が、髻のなかに薬師像をこめて釜島に籠もる純友と戦って討伐。功により沼田七郷をあたえられ、薬師の本願に謝して楽音寺を建立したとする。

備前の乱と讃岐の乱

しかしこの時期、純友や忠平の講和構想を越えて事態は動いていた。一口に藤原純友の乱といい、襲撃・略奪事件のすべては、純友が主体であったと考えられているが(たいていの乱関係地図の矢印の方向はそうなっている)、それは大きな誤解である。伊予の純友、備前の文元、讃岐の藤原三辰、大きく三つの勢力を想定しなければ、純友の乱を正しく理解することはできない。

備前の文元の動きからみていこう。正月二十日、西国兵船が備中に襲来し「備中軍」が逃散したことが政府に報告され、二月二十三日に備後警固使を任じ、備中からの進出に備えさせた。これは備前の文元の活動であり、純友のものではない。私は純友の活動と区別するために、「備前の乱」と呼ぶことにする。

『楽音寺縁起絵巻』▲(以下『縁起』)に描かれた純友討伐場面(カバー裏写真)は、純友の乱の挿絵としてよく掲載される。しかし純友の根拠地を備前国釜島▲とし、純友追討の勲功者を安芸国沼田荘の下司沼田氏▲の祖藤原倫実としており、実際の純友の乱の展開とは全然違う。したがって史料として使われることはない。だが絵巻は、薬師像の加護によって純友を追討した倫実を主役とする「外伝」であり、「正伝」とまったく違うところが、逆に、真相の一面を語っていると思う。すなわち倫実が戦った相手を純友から文元におきかえてみよう。すると倫実は備中軍らと文元の籠もる釜島を攻撃して一度は撃破され、その後、文元を備前国から追い出す戦いに勲功をあげたという歴史事実が浮かび上がってくる。『縁起』は、倒した相手を脇役の文元から主役の純友にすりかえることによって、倫実の勲功を誇張しているのである。

このように、正月から二月にかけて、文元は備前・備中を制圧し、備後をうかがっていた。播磨方面に手を出さないのは、三善文公が活動していたからであろう。文元はなぜ任官を棒にふって、恩義ある純友の収拾工作に同調しなかったのか。子高の苛烈な弾圧への憎悪が文元を反逆の権化にしてしまったのだろう。博多決戦敗北後の逃避行のなかで、坂東に逃れて再起をはかろうとした執念がそのことを語っているように思う。

つぎは讃岐の三辰である。純友に位記を授ける使が伊予に向かっていた二月五日、淡路国解文が賊徒襲来・兵器奪取を告げ、忠平は左大臣藤原仲平と淡路国への対応を協議した。純友が叙位奏慶のため上洛の途上にあった二十三日、

▼**釜島**　岡山県倉敷市。児島半島の南端下津井港の沖、備讃瀬戸に浮かぶ周囲二キロの小島。東西・南北航路を押さえる要害。

▼**沼田氏**　『縁起』で純友追討賞により安芸国沼田郡七郷をあたえられたとされる藤原倫実を祖とする西国武士。源平合戦では初め伊予河野氏に呼応して反平氏蜂起するが、降伏して平氏方につき、沼田荘を没収される。

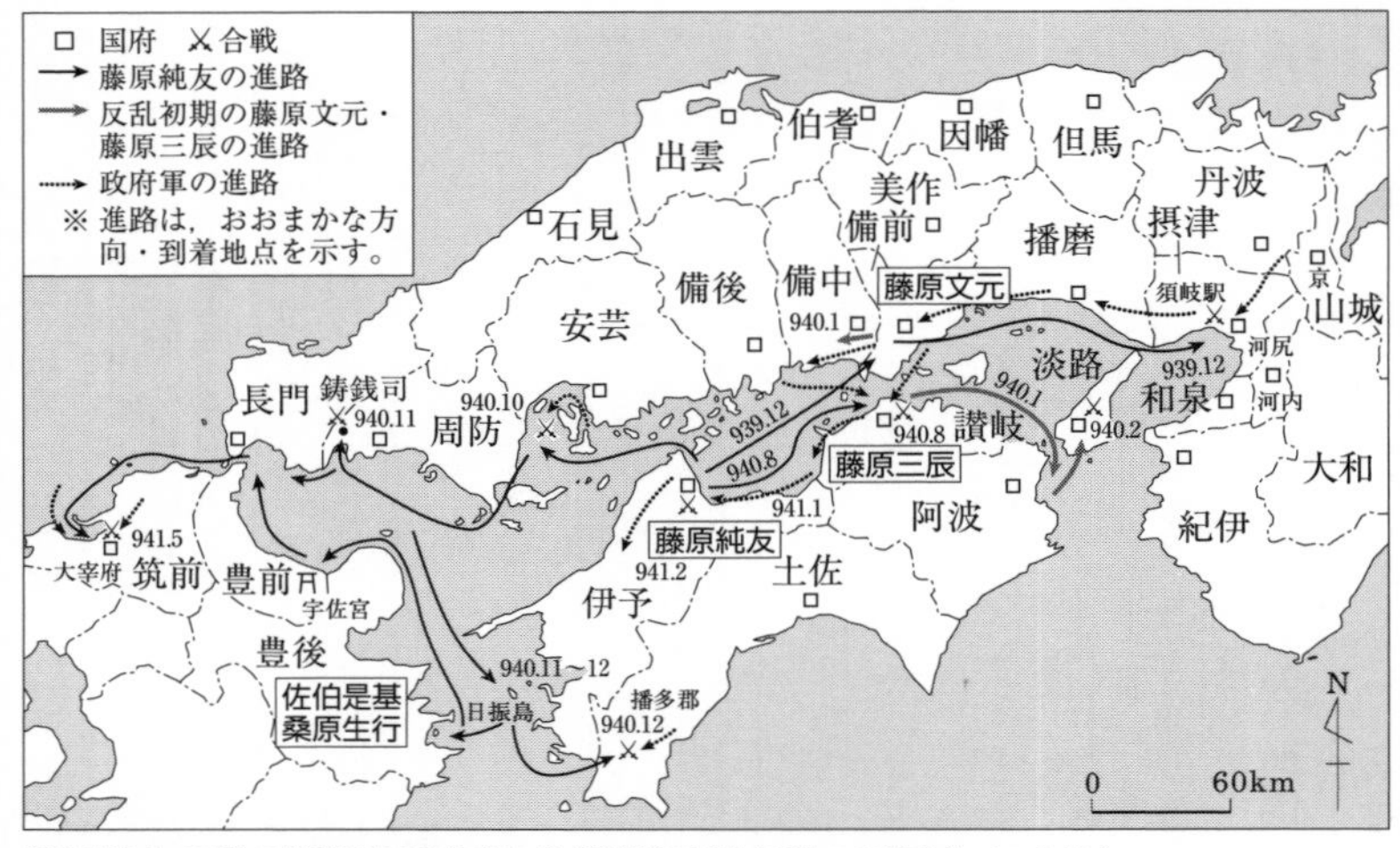

藤原純友の乱の関係地図（下向井龍彦「国衙支配の再編成」による）

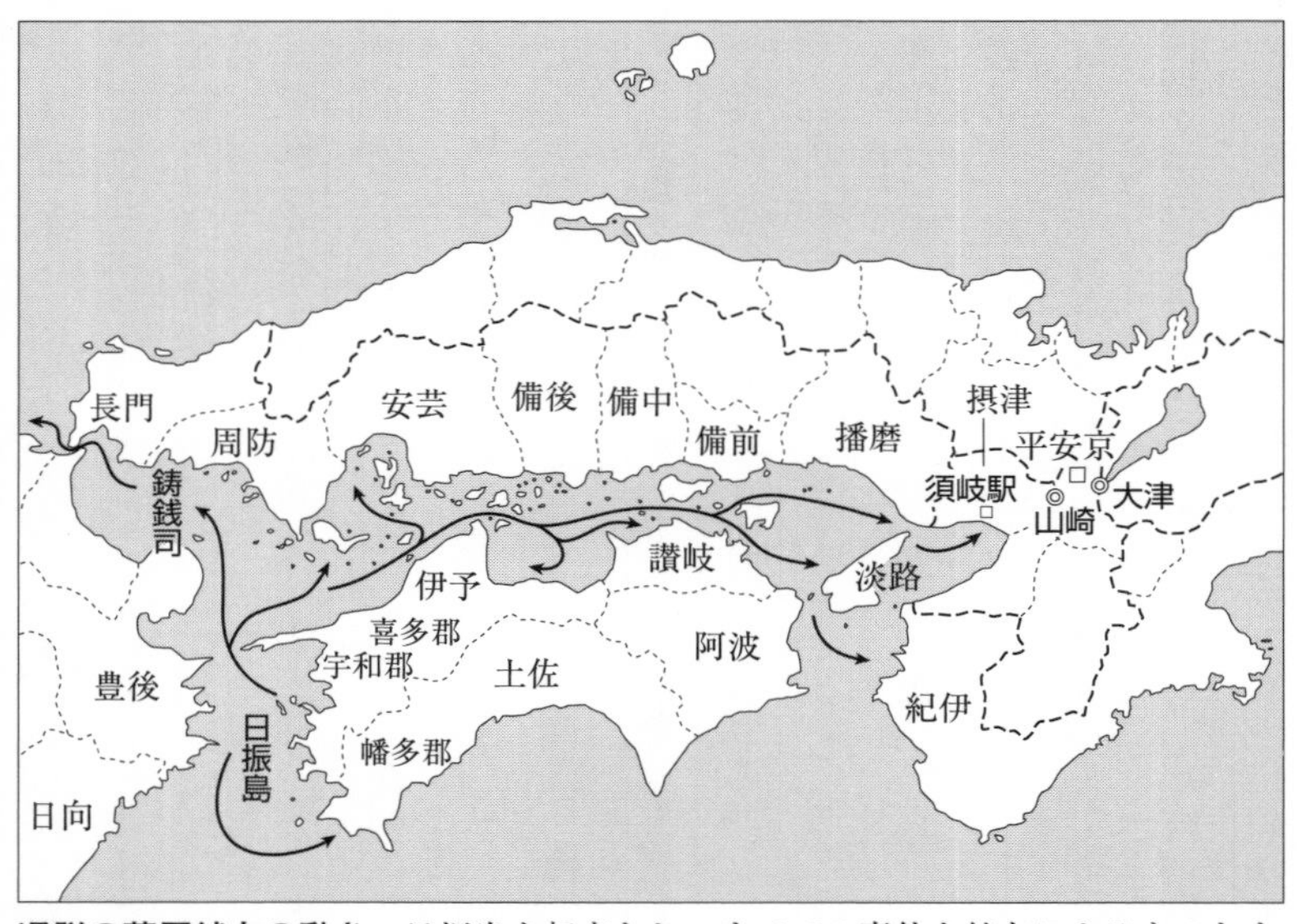

通説の藤原純友の動き　日振島を起点とし，すべての事件を純友によるものとする。

政府軍(左)を攻める純友勢(『楽音寺縁起絵巻』模本より)

忠平は、逃亡した阿波・讃岐両受領を任国に追い返す官符をくださせた。淡路国襲来も阿波・讃岐の受領追放も通説では純友の仕業とされているが、政府記録に純友の名前は出てこない。五位叙爵を勝ちとり、奏慶のため上洛しようとしている純友が、淡路・讃岐・阿波を襲撃・制圧するだろうか。ここでもすべての事件の先頭には純友がいたという先入観が邪魔をして、柔軟な発想を妨げている。

それでは誰の仕業か。一年後の天慶四(九四一)年正月二十一日の政府記録の「伊予国、前山城掾藤原三辰の頸を進上す。海賊の暴悪者、讃岐の乱は彼に発す」に注目しよう。「讃岐の乱」＝反受領闘争の張本は、純友ではなく三辰だったのである。

ここでふたたび『追討記』に登場してもらおう。さきに須岐駅事件は日付だけでなく時刻まで書いていて、それが信憑性を裏づけると書いた。ところがほかの部分にはほとんど日付がない。だから研究にはあまり使われない。『将門記』に比べ分量も内容も著しく劣る『追討記』であるが、『将門記』同様、官符・国解・合戦日記・事発日記など、リアルタイムで作成された文書群を資料として

讃岐国府跡の碑（香川県坂出市）

おり、信憑性は高い。問題は日付がないことである。もう一つの問題は、『追討記』中段の主役讃岐介（受領）藤原国風（政府記録に彼の名は出てこない）が戦った相手を、終始、純友としていることである。さきに『縁起』が倫実の勲功を誇張するため文元を純友におきかえたと述べたが、ここでも国風の勲功の誇張のために作為がなされている。

『追討記』には、

> 介国風率いる讃岐国軍は純友反乱軍と合戦したが大敗し、介国風が警固使坂上敏基といったん阿波国に逃れたところ、純友は国府を放火焼亡し、公私財物を略奪した。国風は阿波から淡路に逃れて淡路から飛駅言上した。二カ月たって国風は「武勇人」を集めて讃岐に帰り、官軍到来を待った。

とある。この記事は一般に純友が伊予から讃岐を急襲した八月のことと考えられている。だが確かな史料では淡路から解状が届いたのは二月五日、逃亡した阿波・讃岐受領を任国に追い返すよう命じたのが二月二十三日（讃岐介国風は逃げていたのである）、そして淡路解状からちょうど二カ月たった四月六日に阿波国警固使が派遣されている（讃岐介国風も帰ったのである）。日付のない『追討記』

讃岐国府跡　平成二十三〜二十九年度(二〇一一〜一七年)の調査で、十世紀第二四半期の遺構から大量の焼土・炭化物を埋めた多数の廃棄土壙が発見され、藤原三辰の軍勢が国府に乱入し放火・略奪したことが証明された。

の記事とおおむね一致する。つまり『追討記』の讃岐国府焼亡・略奪は、一月末頃のことであり、その主体は純友ではなく藤原三辰だったのである。その後も讃岐を制圧し続ける三辰の活動を、政府記録のとおり「讃岐の乱」と呼ぶことにする。

以上のように、九四〇(天慶三)年正月から二月にかけて瀬戸内各地で起こった襲撃・焼討ち・略奪事件のすべてを純友の仕業とする通説の誤解は改められなければならず、ここでも純友の冤罪(えんざい)ははらされなければならない。この時期、伊予国府で五位叙爵に満足し奏慶のため上洛しようとしていた純友、備前・備中を制圧して備後をうかがう文元の「備前の乱」、讃岐・阿波を制圧して淡路にまで進出していた三辰の「讃岐の乱」。この三者は連携することなくそれぞれの思いを描きながら活動していたのである。

純友の誤算

ところが純友に融和的であった忠平の態度は、突如、二月二十三日をもって掌(てのひら)を返したように変わった。純友の海路上洛の報を受けた忠平は、それが叙位の奏慶のためだとわかっていながら上洛阻止を決断し、京にいたる淀川（よどがわ）沿線の山崎（やまざき）・河尻（かわじり）に警固使をおくこととし、二十五日に藤原慶幸（よしゆき）を山崎に向かわせた。翌二十六日、山崎が焼亡したが、上洛阻止を知って怒った純友の仕業か、純友入港を阻止しようと警固使慶幸が焼いたのか、あるいは当時京で頻発していた放火グループの犯行か、わからない。

三月二日、位記使蜷淵有相が純友の「申悦状（よろこびをもうすじょう）」（＝奏慶状）と「伊予解文」をもたらした。純友は上洛が阻止されて落胆し、急ぎ伊予国府に戻って淑人といまだ滞在中だった有相に事情を語った。純友は奏慶状を認め（したため）、淑人にも純友に反意なしとする解文を書いてもらい、有相に託した。純友は、この時点では備前の文元や讃岐の三辰に同調することなく、伊予国庁で事態を静観し、忠平＝政府との和平をめざしていたのであった。

忠平は純友上洛を拒絶した。純友は読みあやまった。誤算の第一は将門のあまりに早い敗死であった。純友は東国の反乱状況の継続が自身の構想実現の条件と考えていたが、それがくずれたのである。忠平は将門敗死の公式第一報の二月二十五日よりも早く、二十三日までに情報をえていたのだ。だからこそ純友に対して強硬姿勢に転じることができたのだった。

誤算の第二は、備前の文元、讃岐の三辰が、純友の思いに反して反乱をエスカレートさせたことである。純友は承平勲功者への任官によって文元らも矛をおさめて将門征討軍に参加するものと信じていた。忠平＝政府としては、純友とだけ和平を実現したとしても、文元・三辰が和平に同意しなければ、西国の静謐は望めない。上洛拒絶は、純友に文元・三辰と決別すること、さらには純友に文元・三辰の追討への参加を暗に求めているのである。五位はあたえたが、この条件を飲まなければ、和平は成り立たない、という揺さぶりである。

こうして、忠平は西国の反乱状況に対して融和策から武力平定に方針転換したのであった。摂津国が報告した「西国人々の書」の虚実綯い交ぜの情報も、忠平の意思形成にあずかったことであろう。

純友の逆襲

二月二十三日、忠平は三辰反乱軍に敗れて逃亡していた讃岐受領国風・阿波受領（藤原雅量カ）を任国に追い返して反撃の橋頭堡を築かせ、二十六日、備後警固使を任じて文元の進出に備えさせ、三月四日、追捕山陽道使好古に南海道使を兼帯させて追捕使の制圧対象に讃岐の三辰を加えた。四月六日、東国関々所々警固使を停止してそのうちの一人藤原村蔭を阿波警固使とし、反乱軍に対抗する阿波受領の指揮下に入らせた。こののち、将門追討戦で勲功をあげえなかった政府軍戦士がつぎつぎに西国戦線に投入される。十日、追捕使好古から「凶賊発起の疑いあり」との解文が届くや、十三日、政府は「西国凶賊」追捕官符をくだし、改めて備前の文元勢と讃岐の三辰勢に対する軍事鎮圧の方針を示した。しかしまだ追捕使好古率いる政府軍が全面攻勢に出ることはなく、政府は純友を「凶賊」と名指ししていない。

忠平日記には三月条から六月条(七月条以降は欠巻)にかけて、「縁兵雑事」を太政官事務官に処理させる記事が頻出する。三月から六月以降まで政府は、山陽道諸国へ軍勢動員・兵粮米徴発・兵船徴発などを命じる攻勢準備を着々と進めていたのだ。六月十八日、忠平は追捕使好古に「純友暴悪士卒」の「追捕」を命じ、諸国に官符を発出した。「純友暴悪士卒」は文元らをさし、純友を名指ししていない。みずからの五位叙爵によって目的を達した純友は、忠平と妥協す

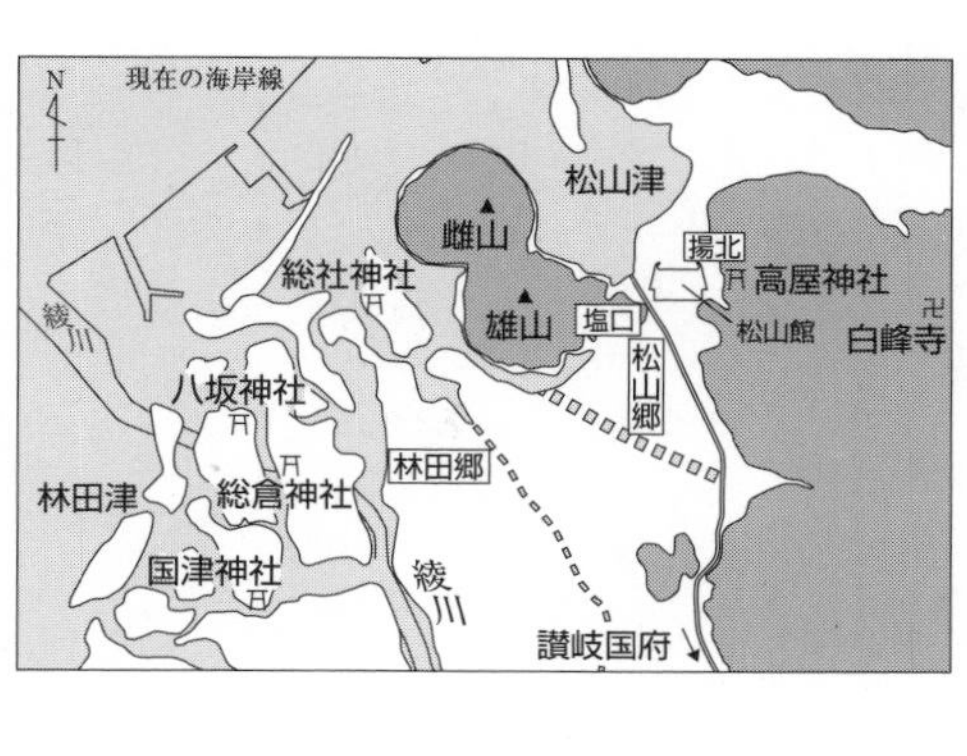

国府津（こうづ）（松山津）**地図**（香川県歴史博物館『海に開かれた都市』をもとに作成）　九四〇（天慶三）年八月十八日、純友軍兵船四〇〇艘は、ここに接岸した備前・備後の兵船一〇〇余艘を焼き払い、政府軍を撃破した。

る道をまだ模索していた。忠平は、苦境のなかで動揺する純友を反逆勢力から切り離そうとゆさぶっている。政府が本格的な軍事行動を起こさないのはそのためであり、全面攻勢に転じるまでにはまだ準備が整っていなかった。それでも八月までには追捕使好古は備前の文元を圧迫して備前・備中・備後方面まで進出し（この時期に『縁起』の藤原倫実は勲功をあげたのだろう）、追いつめられた文元は海を渡って讃岐に逃れ、讃岐の三辰勢と合流していた。八月二十日、政府は「南海凶賊藤原文元」と指弾する討滅祈願をしている。

八月に入り、政府軍と反乱軍は激突する。山陽道を制圧し「備前・備後国兵船」を動員した追捕使好古は、文元らを追って讃岐に渡海した。政府軍に追いつめられて窮地に立った文元・三辰らはまたも伊予の純友に救援を求めた。八月十八日、純友は「賊船四百余艘」を率いて突如讃岐に侵入し、備前・備後兵船一〇〇艘を焼き払って政府軍を粉砕し、讃岐を制圧した。これまで沈黙し、交渉による政治決着の道を模索していた純友は、ここにいたって公然と反乱軍の首領としての立場を鮮明にしたのであった。それぞれ独自の活動をしていた純友・文元・三辰は、ここにはじめて一個の反乱勢力として結集し、伊予・讃岐・阿波を制圧したのである。純友は瀬戸内地域の承平勲功者・反受領勢力にとって、先頭に立つことを期待されるヒーローであった。純友の英雄的資質は、大宰府で身につけた天才的武芸、承平南海賊平定の勲功、そして摂関家庶流という「貴種」性によるものであった。それは、将門の資質と共通している。

伊予・讃岐両国の飛駅使は、「純友が伊予国を占領したあと讃岐国に来襲した」と報告したが、純友による伊予国掌握は武力襲撃によるものではない。純友は二月に「申悦状」を政府に提出した時、伊予国府にいた。追捕対象は「純友暴悪士卒」であって「純友」その人ではなかった。伊予国は、純友が文元・三辰から救援要請を受けるまで、平穏だった。純友は兵船四〇〇艘と軍勢・兵器・兵粮などをどのように調達したのだろうか。伊予国衙在庁官人・負名層にとって純友はヒーローであった。純友は在庁官人の協力のもとに国衙行政能力をフル活用して兵船・軍兵・武器・兵粮を調達したのであり、伊予国負名層はヒーロー純友のもとに馳せ参じたのである。それが讃岐に集結していた政府軍を電撃的に粉砕できた秘密であった。伊予国は国衙機構・負名層あげて純友を支えていたのだ。しかし受領淑人は、一線を越えてしまった純友をかばうわけにはいかない。飛駅使によって純友の伊予占領・讃岐侵攻を報じた。こうして淑人と純友は決別したのであった。

純友が、和平への道をぶち壊した文元の救援要請にまたしても応じたのはなぜか。文元・三辰が政府軍に敗れ殺害されることになれば、純友は孤立し、忠平は講和の道を遮断するだろう。そのようなジリ貧に陥ることを回避し、純友が優位に立って、忠平からふたたび譲歩を引きだすためには、政府軍に強烈な一撃を加え、文元・三辰を救わなければならない。純友はそう判断した。純友の電撃的侵攻は成功し、政府軍は撃破され、山陽側に撤退したのであった。

八月二十六日、讃岐・阿波そして伊予からあいついで飛駅使が到来し、政府は、讃岐における政府軍の壊滅を知って驚愕する。追捕使好古の敗北、純友の伊予・讃岐・阿波制圧という危機的事態は、政府をあわてさせた。八月二十八日に諸社奉幣があり、翌二十九日、比叡山で種々の修法が、法琳寺で大元帥法の修法が行われた。これは政府の無能を示すものではない。政府は決意をあらたに鎮圧に臨もうとしているのである。大元帥法の修法はその決意の強さを示す。政府は交渉による解決の道を完全に閉ざした。数カ月にわたって山陽道諸

周防鋳銭司跡（山口市）　隣接する八ヶ坪遺跡の十世紀前半に比定される流路から、焼痕のある加工木片が多数出土している。純友勢が焼き払ったあとであろう。

国で動員準備作業を進めてきた政府軍は、一度の敗北で崩壊するものではなかった。

八月二十七日、政府は、改めて追捕山陽道使好古に南海道使の兼帯を命じ、宇治・淀・山崎など京上ルートの要所に警固使を配置し、翌二十八日、飛駅勅符で諸国に発兵を命じた。源経基が追捕使次官、藤原慶幸が判官、大蔵春実が主典に補されたのはこの時であろう。早くも態勢を立てなおして渡海した政府軍は、九月二日、讃岐が「凶賊党類紀文度」を「捕進」し、待望の戦果が報ぜられた。こののち政府軍の圧力に押された純友・文元らは、三辰ら讃岐勢を残して讃岐を退去し、さらに伊予を脱出して、九四〇（天慶三）年十月から十二月にかけて、各地で神出鬼没の攻勢を展開する。十月中旬に大宰府に向かう途上にあった大宰府追捕使在原相安の船団を広島湾・安芸灘海域で襲撃・撃破、十一月上旬には周防鋳銭司を襲撃し、拠点を南予に移して十二月中旬には土佐国幡多郡を襲撃した。純友は、反乱軍の戦意維持、反逆継続に必要な兵粮・武器の確保のために、襲撃・略奪を続けざるをえず、政府から妥協を引きだすためには（純友にとってはこのことが勝利を意味する）、より大規模な破壊活動を展開

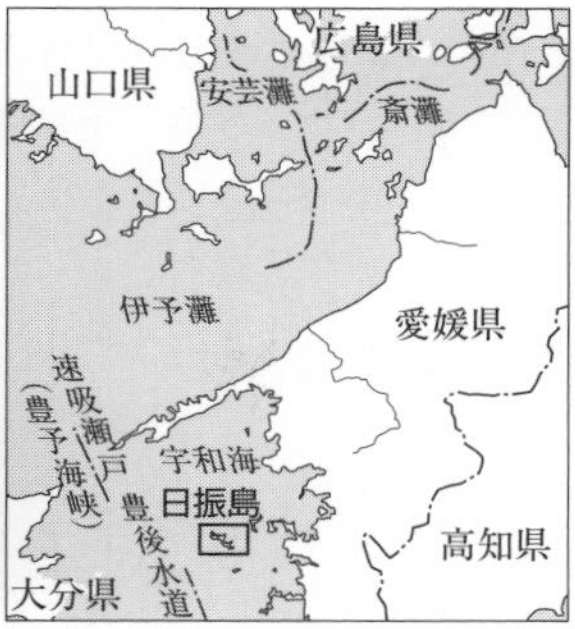

日振島(愛媛県宇和島市)

しなければならなかった。讃岐の政府軍を攻撃する時、国内あげて熱狂的に純友に従った伊予国在庁官人・負名層の多くは、純友のもとを去ったであろう。

九四一(天慶四)年正月までに、兵庫允宮道忠用・藤原恒利(寝返った讃岐の反乱軍幹部)ら政府軍は讃岐の反乱軍を駆逐して伊予に進撃した。正月二十一日、政府は、伊予国が進上した讃岐反乱軍の首領三辰の首級をさらした。はじめての首領級の首に政府はようやく気勢をあげた。二月九日、讃岐国が伊予の反乱軍を撃破したと報告する。伊予は政府軍によって完全制圧されたのである。

純友、最後の賭け

十二月十九日、土佐国から、純友が幡多郡を襲撃して敵味方に大きな損害を出したことが政府に報告された。それを最後に、五月十九日、追捕使好古が反乱軍の大宰府占領を報ずるまでのまる五カ月間、政府記録に純友反乱軍の動きは出てこない。政府軍は純友勢を見失ったのである。『追討記』は「(追撃する政府軍は陸上でも海上でも)風波の難に遭い、ともに賊の向うところを失う」と記す。

その間、純友らは南予日振島に身を潜め、最後の攻勢に備えて態勢を立てなおしていた。『紀略』承平六(九三六)年六月某日条冒頭の「南海賊徒首藤原純友が党を結び、伊予国日振島に屯聚し、千余艘を設け、官物私財を抄劫している」の記事を思い起こしていただきたい。この記事は、純友が日振島に潜伏していたことを知った伊予守淑人か追捕使好古が、政府に提出した解文の記事ではなかったか。五カ月間の日振島潜伏中、純友勢は鋭気を養い、軍船・兵器・兵粮を調達・修理しながら、チャンスをうかがっていた。その間、情報がもれなかったのは、全島あげて純友を支援していたからであろうか。

五月初め頃、純友勢は、豊後の反受領・反大宰府勢力の手引きでひそかに豊後水道を渡り、五月中旬、突如博多湾に姿をあらわし、大宰府を襲った。大宰府の軍勢は、「壁」(水城▲)を出て防戦したが、簡単に粉砕された。二四〇年にわたって西海道諸国の上に君臨した大宰府政庁は、紅蓮の炎のなかで焼け落ち、府内は純友勢によって略奪されつくした。府大寺として栄えた観世音寺▲の宝蔵もあばかれ、庶民宅までも焼かれ略奪された。

純友の大宰府占領の「唯一の目標」は、「国家の心臓部に達するほど」に政府を震撼させ、講和に応じさせることだった(クラウゼヴィッツ『戦争論』)。だが大宰

▼**水城**　白村江敗戦後の六六四(天智三)年、唐軍侵攻に備えて築造された、全長一・二キロ、基底部幅八〇メートル、高さ一三メートルの人工盛土の長大な防壁。

▼**観世音寺**　天智天皇発願で七四六(天平十八)年に完成。七六一(天平宝字五)年設置の戒壇院は天下の三戒壇と称され、大宰府の庇護のもとで西海道の仏寺・僧尼を監督下におき、府大寺として栄えた。

大宰府焼亡　大宰府政庁跡の第Ⅱ期（8世紀初頭〜10世紀前半）の全調査地点で焼土層が検出され，8世紀初頭以来，威風堂々とそびえてきた大宰府政庁が純友の手で焼き払われ全焼したことが証明された。

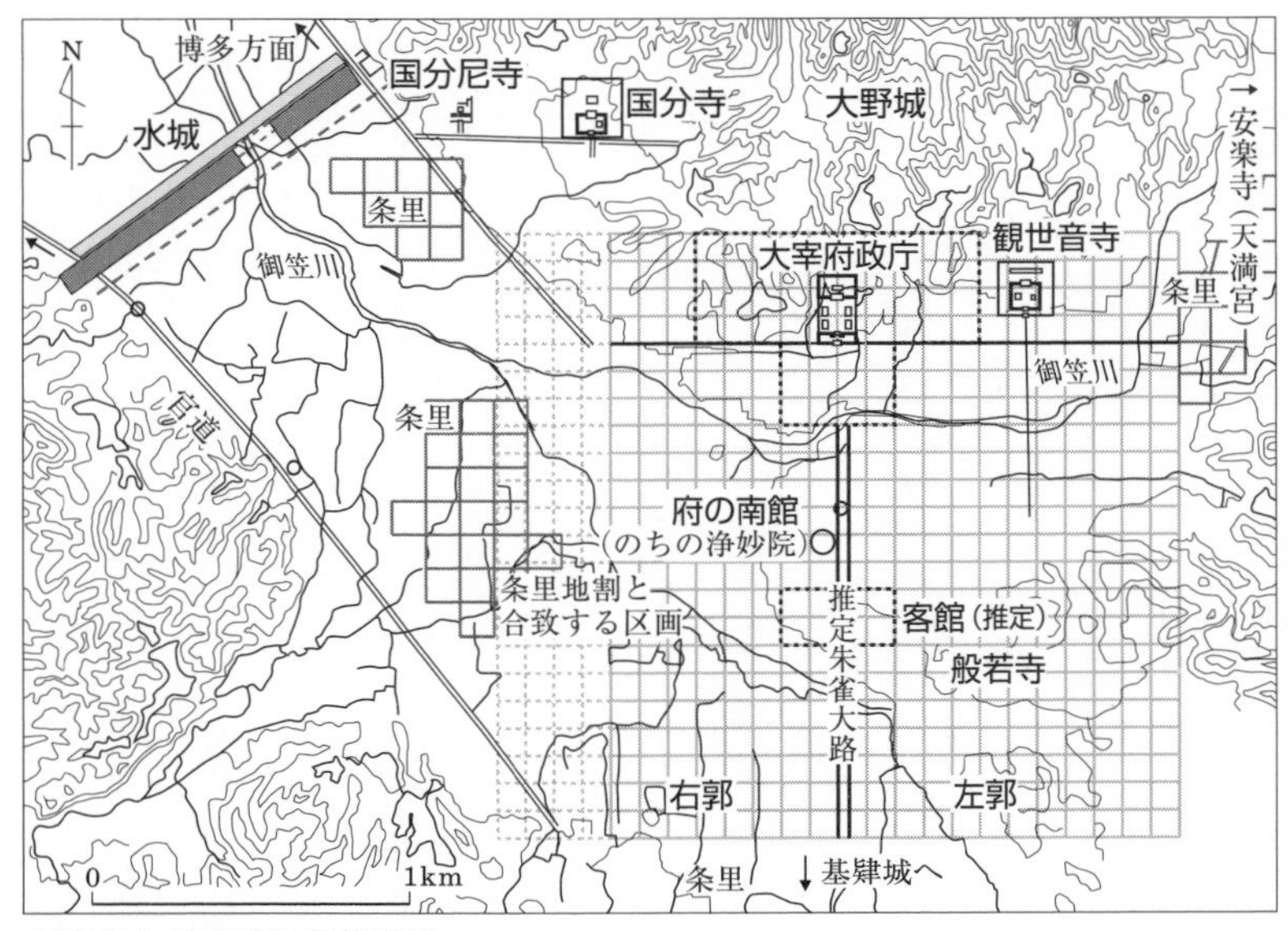

大宰府とその周辺（福岡県）

藤原文元の逃避行

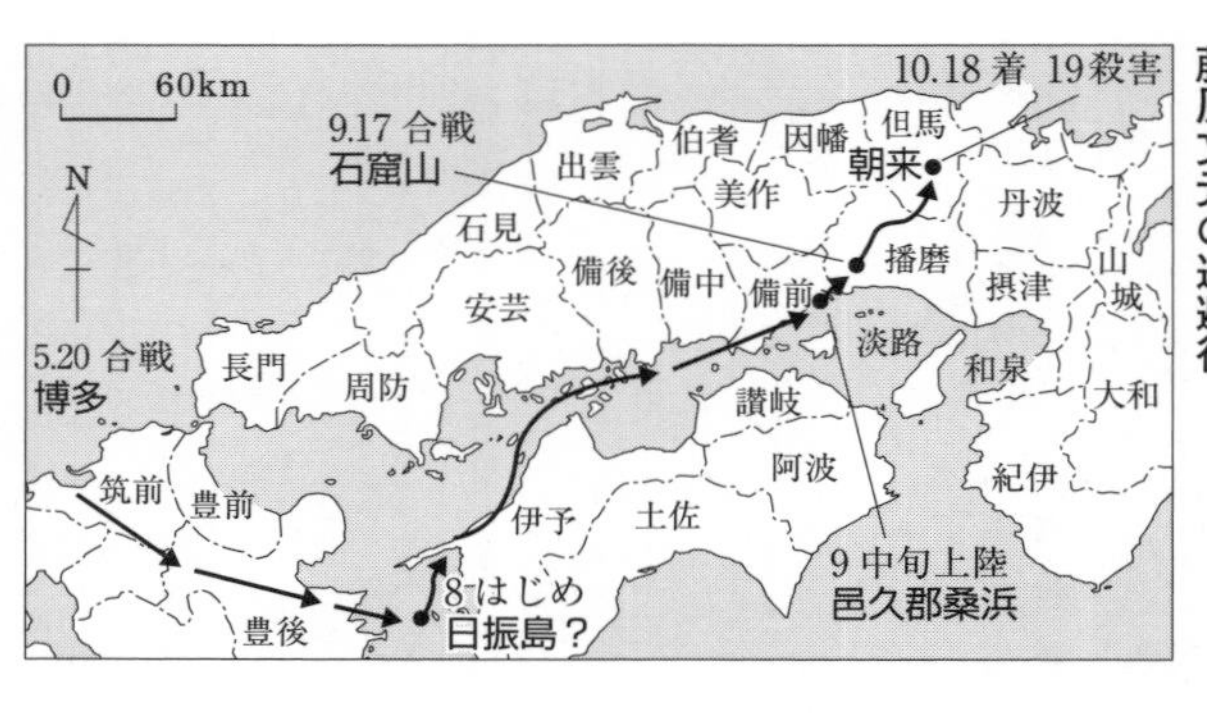

▼**大蔵春実**　生没年未詳。渡来系氏族大蔵氏。博多合戦の勲功賞で従五位下対馬守に任官。子孫は大宰府府官を世襲し、原田氏ら大宰府武士団として発展した。

府が焼け落ちても、忠平の政府に講和の意思はなかった。五月二十日、追捕使好古率いる政府軍は海陸から純友勢に総攻撃を加え、博多の決戦で大蔵春実▲・藤原遠方らが先陣を切って純友勢を粉砕した。敗残の純友勢は散り散りになってそれぞれの本拠地へと落ちていった。純友はいったん京都をめざすも果たせず、六月二十日、伊予に落ちのびたところで待ち構えていた伊予国警固使　橘遠保に討ちとられた。将門の乱では相模国押領使でありながら手柄がなかったため転戦してきていたのだ。七月、進上された純友の首は東西の市で衆目にさらされた。一方、豊後・日向方面に逃れた豊後勢は八月から九月にかけて大宰府警固使源経基の追撃を受けて捕獲・殺害された。文元は弟文用・三善文公とともに、伊予をへて九月中旬に備前国邑久郡桑浜に上陸して旧知の但馬国朝来郡の賀茂貞行を頼ろうとしたが、文公が播磨国石窟山合戦で追撃軍に討ちとられ、文元兄弟は貞行宅にたどり着いたところを、十月十九日、貞行の騙し討ちにあって殺害された。めざした坂東での再起は果たせなかった。こうして天慶純友の乱は最終的に鎮圧された。九三九(天慶二)年十二月に摂津須岐駅で文元が備前介子高を血祭りにあげてから一年一〇カ月がたっていた。

将門の乱の勲功賞

年　月　日	氏　名	勲功前	勲　功　賞	勲　功　名	出　典
天慶3(940). 1. 9	源経基	武蔵介	従5下	将門密告賞	貞信公記
同　上	於保月矢		外従5下	同　上	同　上
天慶3(940). 1.14	平公雅		上総掾	将門防戦賞	同　上
同　上	橘遠保		坂東国々掾	同　上	園太暦
同　上	ほか6人		同　上	同　上	同　上
天慶3(940). 3. 9	藤原秀郷	下野掾	従4下	討平将門賞	日本紀略
同　上	平貞盛	常陸掾	従5下	同　上	同　上
天慶3(940).11.16	任人数十人			(軍功賞)	同　上
同　上	藤原秀郷	下野掾	下野・武蔵守	同　上	扶桑略記
同　上	平貞盛	常陸掾	右馬助	同　上	同　上
同　上	源経基	武蔵介	大宰権少弐	同　上	同　上
同上ヵ	平公雅	上総掾	安房守	同　上	浅草寺縁起
同上ヵ	橘最茂	相模権介	駿河守	同　上	日本紀略

藤原純友の乱後の勲功賞

年　月　日	氏　名	勲功前	勲　功　賞	勲　功　名	出　典
?	大蔵春実	右衛門志	従5下対馬守		大蔵系図
?	源経基	大宰権少弐	大宰少弐?*		
天慶4(941). 9.20	藤原貞包		筑前権掾	佐伯是基追捕賞	本朝世紀
天慶5(942). 6.21**	巨勢広利		左衛門少志	去年勲功	同　上
同　上	大神高実		左兵衛少志	同　上	同　上
同　上	藤原為憲		兵庫権少允	同　上	同　上
同　上	藤原遠方		右兵衛権少尉	同　上	同　上
同　上	藤原成康		右馬権少允	同　上	同　上
?	藤原倫実		左馬允		楽音寺縁起
天慶7(944). 2. 6***	橘遠保	遠江掾	美濃介		日本紀略
天暦2(948). 7.18	越智用忠		従5下	海賊時賞	貞信公記

*天慶4(941)年9月に現任の権少弐(『本朝世紀』), 天慶9 (946)年11月に現任の少弐(『貞信公記』)。

**去年勲功賞任官者に対する上京命令の日付。任官後120日以内で着任しなければならないから, 任官したのは3月25～29日の除目であったとみてよい(この年には閏3月がある)。

***遠保が京内で暗殺された日付。

備前国受領子高への怒りの鉄槌から始まった反逆のなかで、貴族社会への復帰をめざし政府との妥協点を探りながら果敢に行動した純友、徹頭徹尾妥協を拒み続けた反逆児文元、死に臨んで脳裏を駆けめぐったのは何であったか。しかし二人は怨霊にならなかった。『純友追討記』が、『将門記』に匹敵する因果応報の叙事詩ではなかったからである。

乱平定後、経基・春実・遠保・遠方ら政府軍として戦い勲功をあげた人びと(天慶勲功者)に対して位階(いかい)・官職の恩賞が乱発された。彼らの多くは武士の始祖となった。思えば純友は自己の勲功にふさわしい恩賞を求めて抗議の軍事行動に立ち上がったのだった。だが皮肉にも純友が求めたものは、みずからを倒した者たちが手にすることになった。純友の敗北は将門の敗北とともに、武士が王朝国家の軍事力として活躍する時代の幕開けとなったのである。

写真所蔵・提供者一覧(敬称略, 五十音順)

芦屋市教育委員会　p. 72右
石岡市教育委員会　p. 30
今治地方観光協会　p. 73
宇和島市教育委員会　p. 103
大須観音宝生院　扉上
香川県埋蔵文化財センター　p. 94, 95
木村恭子(撮影)　p. 34, 65
九州歴史資料館　p. 105上
京都大学総合博物館　p. 33
國王神社　p. 22
神戸市文化財課　p. 72左
国立国会図書館　扉下
金戒光明寺・京都国立博物館　カバー表, p. 13, 68, 86
東京国立博物館・Image：TNM Archives　カバー裏, p. 6, 17, 93
栃木県教育委員会　p. 47
坂東市商工観光課　p. 35

下向井龍彦「承平六年の紀淑人と承平南海賊の平定」『史学研究』274号, 2012年
下向井龍彦「王朝国家財政構造の展開と斎院禊祭料の諸段階」『史人』7号, 2018年
下向井龍彦「古代・中世の転換点をどう見るか」『歴史評論』841号, 2020年
下向井龍彦「平将門」「藤原純友」関幸彦編『侠の歴史　日本編』清水書院, 2020年
下向井龍彦・稲葉靖司「九世紀の海賊について」地方史研究協議会編『海と風土』雄山閣, 2002年
鈴木哲雄『平将門と東国武士団』(動乱の東国史1)吉川弘文館, 2012年
関幸彦『武士の誕生』講談社学術文庫, 2013年
高橋昌明「将門の乱の評価をめぐって」『文化史学』26号, 1971年, 林陸朗編書所収
寺内浩『平安時代の地方軍制と天慶の乱』塙書房, 2017年
戸田芳実『日本領主制成立史の研究』岩波書店, 1967年
戸田芳実『初期中世社会史の研究』東京大学出版会, 1991年
野口実『坂東武士団の成立と発展』弘生書林, 1982年
野口実『伝説の将軍 藤原秀郷』吉川弘文館, 2001年
林陸朗『古代末期の反乱』教育社, 1977年
林陸朗編『論集　平将門研究』現代思潮社, 1975年
樋口州男『将門伝説の歴史』(歴史文化ライブラリー 407)吉川弘文館, 2015年
福田豊彦『平将門の乱』岩波新書, 1981年
福田豊彦「藤原純友とその乱」『日本歴史』471号, 1987年
福田豊彦編『承平・天慶の乱と都』『週刊 朝日百科　日本の歴史59』朝日新聞社, 1987年
北条秀樹『日本古代国家の地方支配』吉川弘文館, 2000年
松原弘宣『古代の地方豪族』吉川弘文館, 1988年
松原弘宣『藤原純友』(人物叢書)吉川弘文館, 1999年
村上春樹『物語の舞台を歩く　将門記』山川出版社, 2008年
元木泰雄『武士の成立』吉川弘文館, 1994年
森公章『古代豪族と武士の誕生』(歴史文化ライブラリー 360)吉川弘文館, 2013年
山中武雄「将門記の成立に就いて」『史学雑誌』46編10号, 1937年, 林陸朗編書所収
吉田晶「平安中期の武力について」『ヒストリア』47号, 1967年, 林陸朗編書所収
吉田孝『律令国家と古代の社会』岩波書店, 1983年

参考文献

石井紫郎「合戦と追捕」『国家学会雑誌』91巻7・8号, 1978年
石井進『中世武士団』小学館版『日本の歴史』12巻, 1974年
石母田正『古代末期政治史序説』未来社, 1956年
石母田正『日本の古代国家』岩波書店, 1971年
井上満郎『平安時代軍事制度の研究』吉川弘文館, 1980年
大津透『律令国家支配構造の研究』岩波書店, 1993年
岡田利文「藤原純友の乱」『愛媛県史』古代Ⅱ・中世, 愛媛県, 1984年
岡田利文「承平六年の藤原純友」『ソーシャル・リサーチ』35号, 2010年
河合正治「海賊の系譜」『古代の日本4　中国四国』角川書店, 1970年
川尻秋生『古代東国史の基礎的研究』塙書房, 2003年
川尻秋生『平将門の乱』(戦争の日本史4)吉川弘文館, 2007年
川尻秋生編『歴史と古典　将門記を読む』吉川弘文館, 2009年
北山茂夫『平将門　朝日評伝選3』朝日新聞社, 1975年
木村茂光『平将門の乱を読み解く』(歴史文化ライブラリー489)吉川弘文館, 2019年
クラウゼヴィッツ『戦争論』下巻, 岩波文庫, 1968年
小林昌二「藤原純友の乱」『古代の地方史2　山陰山陽南海編』朝倉書店, 1977年
小林昌二「藤原純友の乱研究の一視点」『地方史研究』172号, 1981年
小林昌二「藤原純友の乱再論」『日本歴史』499号, 1989年
今正秀『摂関政治と菅原道真』(『敗者の日本史』3)吉川弘文館, 2013年
佐伯有清他編『研究史　将門の乱』吉川弘文館, 1976年
坂上康俊「負名体制の成立」『史学雑誌』94編2号, 1985年
坂本賞三『日本王朝国家体制論』東京大学出版会, 1972年
佐藤泰弘『日本中世の黎明』京都大学学術出版会, 2001年
下向井龍彦『武士の成長と院政』講談社版『日本の歴史』07巻, 2001年
下向井龍彦『物語の舞台を歩く　純友追討記』山川出版社, 2011年
下向井龍彦「王朝国家国衙軍制の成立」『史学研究』144号, 1979年
下向井龍彦「王朝国家国衙軍制の構造と展開」『史学研究』151号, 1981年
下向井龍彦「押領使・追捕使の諸類型」『ヒストリア』97号, 1982年
下向井龍彦「平安時代の地方政治」日本歴史学会編『日本史研究の新視点』吉川弘文館, 1986年
下向井龍彦「『藤原純友の乱』再検討のための一史料」『日本歴史』495号, 1989年
下向井龍彦「部内居住衛府舎人問題と承平南海賊」『内海文化研究紀要』18・19号, 1990年
下向井龍彦「天慶藤原純友の乱についての政治史的考察」『日本史研究』348号, 1991年
下向井龍彦「国衙支配の再編成」『新版 古代の日本4　中国四国』角川書店, 1992年
下向井龍彦「『純友追討記』について」『瀬戸内海地域史研究』4輯, 1992年
下向井龍彦「平将門・藤原純友の反乱の原因は」『新視点 日本の歴史』3, 新人物往来社, 1993年
下向井龍彦「『楽音寺縁起』と藤原純友の乱」『芸備地方史研究』206号, 1997年
下向井龍彦「光仁・桓武朝の軍縮改革について」『古代文化』49巻11号, 1997年

				26 山崎焼亡，備後警固使を任命。3-2 位記使，純友の奏慶状・伊予解文をもたらす。3-4 追捕南海道使を定める。3-5 秀郷，将門殺害を飛駅奏言。3-9 秀郷が従4位下，貞盛が従5位上に叙される。4-6 阿波国警固使派遣。4-10 追捕使好古から凶賊発起の疑い届き，4-13 西国凶賊追捕官符をくだす。4-25 秀郷，将門首級進上。6-18 追捕山陽道使好古に純友暴悪士卒の追捕を命じる。8-18 純友率いる400艘が伊予から讃岐に来襲，備前・備後兵船100艘焼亡。8-20 藤原文元らの討滅を諸社に祈願。8-27 好古，追捕山陽南海道追捕使に任じられる。8-28 海賊平定のため諸社奉幣。8-29 法琳寺で大元帥法。9-2 紀文度を捕進。10-22 安芸・周防両国，純友軍が大宰府警固使在原相安を破ったと報じ，11-7 周防国，純友軍が鋳銭司を襲撃したと報じる。11-16 臨時除目で将門追討勲功賞に任官数十人(秀郷下野・武蔵守など)。12-19 土佐国，幡多郡焼亡，純友軍・政府軍ともに死者多数と報じる
941	天慶4	57		1-21 讃岐乱の首謀者藤原三辰，討たれると報じる。2-9 兵庫允宮道忠用・藤原恒利ら政府軍，純友軍を駆逐し伊予国を制圧したと報じる。5-19 追捕使好古，純友軍の大宰府虜掠を奏上。5-20 純友軍，博多津で政府軍に敗れる。6-20 伊予警固使橘遠保，純友を討ちとる。7-6 遠保，純友首級進上。8-7 山陽南海道追捕使好古凱旋。9-6 追捕使次官源経基，純友軍の豊後勢を撃殺・捕獲。9-19 備前国，文元兄弟ら6人，邑久郡桑浜に上陸したと報じる。10-18・19 文元兄弟，但馬国で賀茂貞行に討ちとられる
942	5			3-19・22 東西軍功を定める。4-14 伊勢太神宮に奉賽。4-27 宇佐・香椎・石清水に奉賽。4-29 朱雀天皇，賀茂社行幸，「兵乱平和」奉賽

＊純友と将門の齢は筆者による推定。

				この間，武蔵国で興世王・源経基と武蔵武芝，対立。*5-23* 犯人橘近保追捕官符を武蔵国・隣国にくだす。将門，追捕官符を根拠に紛争に介入，興世王と武芝を和解させる。*11-3* 平将武追捕官符を駿河・伊豆・甲斐・相模ら諸国にくだす
939	天慶 2	55	30	*2-12* 貞盛告状を受け，将門召問使派遣。*3-3* 経基，将門謀反を密告。将門，召問使に忠平への書状を託す。*3-25* 忠平，謀反実否を問う御教書を将門にくだす。*5-2* 将門，御教書使者に書状と下総ら 5 カ国の謀反無実解文を託す。*5-15～16* 百済王貞連を武蔵守に任じ，相模・武蔵・上野権介を任じる。*6-1* 法琳寺で大元帥法。*6-7* 源俊，推問密告使に任じられる。*6-9* 経基を左衛門府に拘禁。3 国の権介に押領使を兼帯。*6-21*「国々群盗追捕官符」をくだす。この頃，貞盛，将門召進官符をもって常陸に帰国。百済王貞連，着任儀礼で興世王に着座を許さず。興世王，将門に寄食。秋頃，藤原玄明，受領藤原維幾に反抗し，将門を頼る。*11-21* 将門，玄明を支援し常陸国庁攻囲・印鎰奪取，貞盛を破り，*11-29* 維幾を鎌輪宿に拉致。*12-2* 将門・興世王の軍勢，常陸国庁で略奪。*12-11* 将門，下野国庁進出，受領・印鎰奉呈。*12-15* 上野国庁で印鎰奪取。*12-17* 藤原純友出撃との解状が政府に到来。*12-19* 将門，上野国庁で新皇即位，受領を任命。*12-21* 摂津・山陽東部諸国に純友召進官符をくだす。*12-26* 藤原文元，摂津須岐駅で藤原子高を襲撃し拉致。*12-29* 将門の上野・下野国府占拠と受領追放を信濃国から飛駅奏言，政府対策会議
940	3	56	31	*1-1* 東海東山山陽道追捕使を任じる。*1-3* 宮城防御強化，藤原文元らを任官。*1-11* 東海東山道諸国に将門追討官符。*1-14* 藤原秀郷・平貞盛・橘遠保ら 8 人，坂東諸国掾兼押領使に任じられる。*1-16* 山陽道使小野好古出陣。*1-19* 藤原忠文，征東大将軍に補任。*1-20* 西国兵船襲来，備中軍逃散。*1-30* 純友，従 5 位下に叙される。*2-3* 純友給位記使が伊予へ進発。純友甥明方，伊予解文・純友等申文を託され帰京。*2-4* 追捕山陽道使好古に暫時進撃停止を命ず。*2-5* 淡路国から賊徒襲来・兵器奪取の通報。*2-8* 征東大将軍忠文，進発。*2-13* 将門，下総国猿島郡で秀郷・貞盛と戦い敗死。*2-22* 純友海路上洛の通報。*2-23* 山崎・河尻・備後に警固使をおく。*2-25* 信濃飛駅使，将門敗死を報じる。*2-*

平将門・藤原純友とその時代

西暦	年号	齢 純友	齢 将門	おもな事項
885	仁和元	1		この頃，純友，京で生まれる
895	寛平 7	11		東国の乱(～901)。この頃，純友，大宰少弐の父良範について大宰府へ？
902	延喜 2	18		*3-13* 延喜の荘園整理令
910	10	26	1	この頃，将門，下総国で生まれる
916	16	32	7	*8-12* 下野国に藤原秀郷ら18人の配流を命ず
923	延長元	39	14	この頃，将門，鎮守府将軍の父良持について陸奥国胆沢城へ？
927	5	43	18	この頃，将門上京して藤原忠平の家人に，忠平の推挙で滝口武士に
929	7	45	20	*5-20* 秀郷の濫行鎮静のため下野・近隣諸国に軍兵差遣を命じる
930	8	46	21	*9-22* 朱雀天皇践祚。この頃，将門下総国に帰国？承平南海賊蜂起
931	承平元	47	22	*1-21* 忠平，海賊対策指示。この年，将門と叔父良兼「女論」により合戦
932	2	48	23	*1-27* 藤原元名伊予受領に，純友伊予掾に任じられる。*4-28* 追捕海賊使を派遣
933	3	49	24	*12-17* 海賊平定のため国々警固使を派遣。*12-28* 京畿七道諸国に衛府舎人追捕令
934	4	50	25	*7-26*・*10-22* 追捕海賊使を派遣。*12-* 海賊，伊予国喜多郡不動穀を盗み運ぶ
935	5	51	26	*2-* 将門，源護・叔父国香と常陸国野本で戦い，護子息 3 人と国香敗死。*10-21* 将門，常陸国川曲村で叔父良正を破る。*12-29* 護・将門召進官符くだす。*12-* 伊予受領元名任期終え，掾純友も帰京？
936	6	52	27	*3-5*・*12* 海賊調伏のため大元帥法。*3-* 純友，追捕宣旨を受け伊予へ。*5-26* 紀淑人，伊予守兼追捕南海道使に任じられる。*6-* 海賊集団，淑人に投降。*7-26* 将門，良兼を下総・下野国境で破る。*9-7* 護・将門の召進官符が届く。*10-17* 将門上京，検非違使庁での証言で武名が京畿に轟く
937	7	53	28	*4-7* 将門，赦免され，*5-11* 帰郷。*8-6* 将門，子飼の渡で良兼に敗れ，*8-17* 堀越の渡でも敗れる。*10-9* 将門，良兼拠点服織宿を焼き，*10-13* 弓袋山の良兼を追う。*11-5* 将門に良兼らを追捕させる官符を武蔵・両総・常陸ら諸国にくだす。*12-14* 良兼，将門拠点石井営所を夜襲して敗退
938	天慶元	54	29	*2-29* 将門，上京企る貞盛を追い信濃千曲川で戦う。

下向井龍彦(しもむかい たつひこ)
1952年生まれ
広島大学大学院文学研究科博士課程国史学専攻単位修得退学
専攻，日本古代史(奈良・平安時代史)
現在，広島大学名誉教授
主要著書・論文
『日本の歴史07　武士の成長と院政』(講談社2001)
『物語の舞台を歩く　純友追討記』(山川出版社 2011)
「摂関期の斎院禊祭料と王朝国家の財政構造」(『九州史学』156号2010)
「百済救援戦争の歴史的位置」(『広島平和科学』37号2016)
「律令軍制と兵士の装備」(『古代武器研究』14号2018)

日本史リブレット人 017
平将門(たいらのまさかど)と藤原純友(ふじわらのすみとも)
天慶の乱，草創期武士の悲痛な叫び
2022年8月1日　1版1刷　印刷
2022年8月10日　1版1刷　発行
著者：下向井龍彦(しもむかいたつひこ)
発行者：野澤武史
発行所：株式会社 山川出版社
〒101－0047　東京都千代田区内神田1－13－13
電話 03(3293)8131(営業)
03(3293)8135(編集)
https://www.yamakawa.co.jp/
振替 00120-9-43993
印刷所：明和印刷株式会社
製本所：株式会社 ブロケード
装幀：菊地信義＋水戸部功

Printed in Japan ISBN 978-4-634-54817-6

日本史リブレット　人

1 卑弥呼と台与——仁藤敦史
2 倭の五王——森　公章
3 蘇我大臣家——佐藤長門
4 聖徳太子——大平　聡
5 天智天皇——須原祥二
6 天武天皇と持統天皇——義江明子
7 聖武天皇——寺崎保広
8 行基——鈴木景二
9 藤原不比等——坂上康俊
10 大伴家持——鐘江宏之
11 桓武天皇——西本昌弘
12 空海——曾根正人
13 円仁と円珍——平野卓治
14 菅原道真——大隅清陽
15 藤原良房——今　正秀
16 宇多天皇と醍醐天皇——川尻秋生
17 平将門と藤原純友——下向井龍彦
18 源信と空也——新川登亀男
19 藤原道長——大津　透
20 清少納言と紫式部——丸山裕美子
21 後三条天皇——美川　圭
22 源義家——野口　実
23 奥州藤原三代——斉藤利男
24 後白河上皇——遠藤基郎
25 平清盛——上杉和彦
26 源頼朝——高橋典幸
27 重源と栄西——久野修義
28 法然——平　雅行
29 北条時政と北条政子——関　幸彦
30 藤原定家——五味文彦
31 後鳥羽上皇——杉橋隆夫
32 北条泰時——三田武繁
33 日蓮と一遍——佐々木馨
34 北条時宗と安達泰盛——福島金治
35 北条高時と金沢貞顕——永井　晋
36 足利尊氏と足利直義——山家浩樹
37 後醍醐天皇——本郷和人
38 北畠親房と今川了俊——近藤成一
39 足利義満——伊藤喜良
40 足利義政と日野富子——田端泰子
41 蓮如——神田千里
42 北条早雲——池上裕子
43 武田信玄と毛利元就——鴨川達夫
44 フランシスコ＝ザビエル——浅見雅一
45 織田信長——藤田達生
46 徳川家康——藤井讓治
47 後水尾院と東福門院——山口和夫
48 徳川光圀——鈴木暎一
49 徳川綱吉——福田千鶴
50 渋川春海——林　淳
51 徳川吉宗——大石　学
52 田沼意次——深谷克己
53 遠山景元——藤田　覚
54 酒井抱一——玉蟲敏子
55 葛飾北斎——大久保純一
56 塙保己一——高埜利彦
57 伊能忠敬——星埜由尚
58 近藤重蔵と近藤富蔵——谷本晃久
59 二宮尊徳——舟橋明宏
60 平田篤胤と佐藤信淵——小野　将
61 大原幽学と飯岡助五郎——高橋　敏
62 ケンペルとシーボルト——松井洋子
63 小林一茶——青木美智男
64 鶴屋南北——諏訪春雄
65 中山みき——小澤　浩
66 勝小吉と勝海舟——大口勇次郎
67 坂本龍馬——井上　勲
68 土方歳三と榎本武揚——宮地正人
69 徳川慶喜——松尾正人
70 木戸孝允——一坂太郎
71 西郷隆盛——德永和喜
72 大久保利通——佐々木克
73 明治天皇と昭憲皇太后——佐々木隆
74 岩倉具視——坂本一登
75 後藤象二郎——村瀬信一
76 福澤諭吉と大隈重信——池田勇太
77 伊藤博文と山県有朋——西川　誠
78 井上馨——神山恒雄
79 河野広中と田中正造——田崎公司
80 尚泰——川畑　恵
81 森有礼と内村鑑三——狐塚裕子
82 重野安繹と久米邦武——松沢裕作
83 徳富蘇峰——中野目徹
84 岡倉天心と大川周明——塩出浩之
85 渋沢栄一——井上　潤
86 三野村利左衛門と益田孝——森田貴子
87 ボワソナード——池田眞朗
88 島地黙雷——山口輝臣
89 児玉源太郎——大澤博明
90 西園寺公望——永井　和
91 桂太郎と森鷗外——荒木康彦
92 高峰譲吉と豊田佐吉——鈴木　淳
93 平塚らいてう——差波亜紀子
94 原敬——季武嘉也
95 美濃部達吉と吉野作造——古川江里子
96 斎藤実——小林和幸
97 田中義一——加藤陽子
98 松岡洋右——田浦雅徳
99 溥儀——塚瀬　進
100 東条英機——古川隆久

〈白ヌキ数字は既刊〉